Egipto

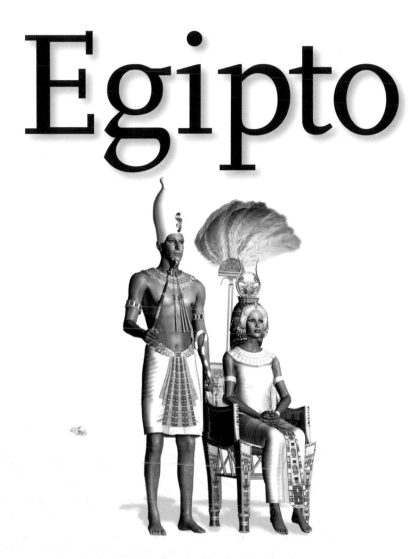

Silver Dolphin
en español

Concepto y producción de Weldon Owen Pty Ltd
61 Victoria Street, McMahons Point
Sydney, NSW 2060, Australia
Copyright © 2007 Weldon Owen Inc.
First printed 2007

Editora del Proyecto   Jennifer Losco
Diseñador   John Bull, The Book Design Company
Diseño de la Portada   Gaye Allen y Kelly Booth
Coordinador del proyecto en español   Julio Rivas
Traducción   Adriana Tiscareño / Arlette de Alba

Importado, publicado y editado en español en 2008 por
/ Imported, published and edited in Spanish in 2008 by:
Silver Dolphin en español,
un sello editorial de
Advanced Marketing, S. de R.L. de C.V.
Calz. San Francisco Cuautlalpan 102 Bodega "D"
Col. San Francisco Cuautlalpan
Naucalpan, Estado de México, C.P. 53569 México
Título Original / Original Title: Insiders Egipto / Insiders Egypt
Fabricado e impreso en China / Manufactured and printed in China

Para los textos de este libro se utilizaron las fuentes Meta y Rotis Serif.
10 9 8 7 6 5 4 3 2 1
Primera edición en español
ISBN-13: 978-970-718-696-5

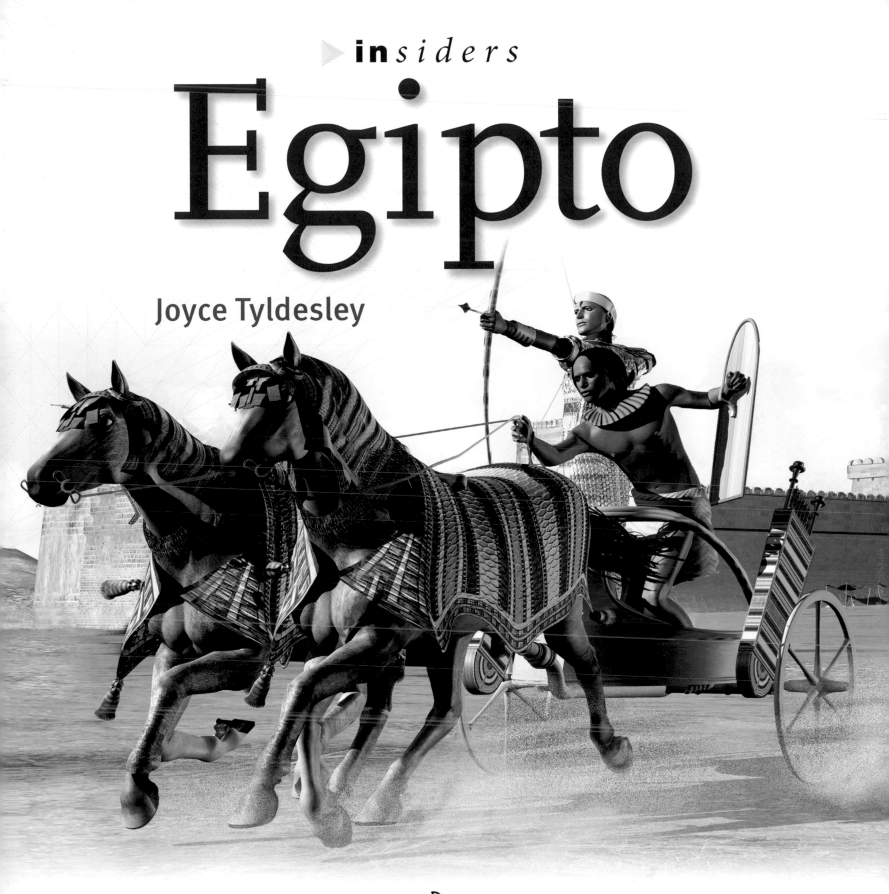

insiders

Egipto

Joyce Tyldesley

Silver Dolphin
en español

Contenido

introducción

en*foque*

Pirámides y otras tumbas

Templos y ciudades

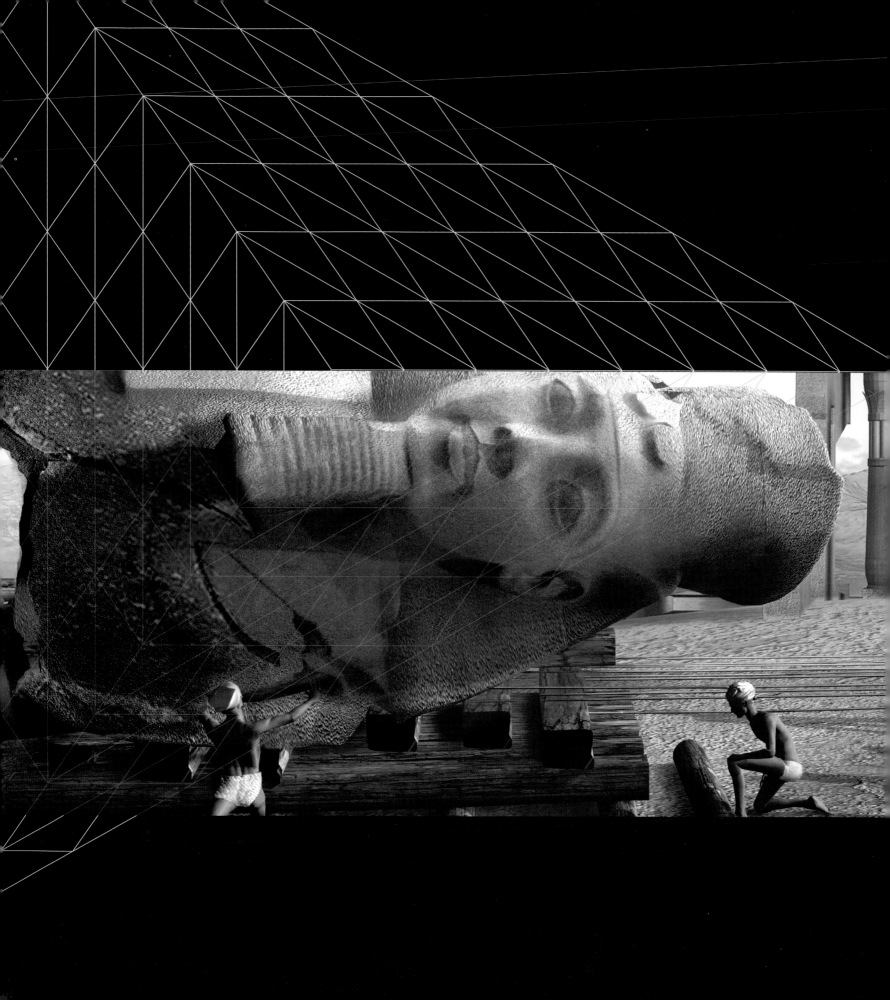

in*troducción*

El regalo del
Nilo

El historiador griego Herodoto escribió: "Egipto es el regalo del Nilo", y estaba en lo correcto. Sin el Nilo, Egipto no hubiera sobrevivido. El río los abasteció de agua, pesca y tierra; de igual manera, el Nilo constituía tanto su ruta principal como su sistema de alcantarillado. A la tierra fértil que rodea al río se le conoció como la Tierra Negra, en donde los egipcios sembraron y construyeron casas de adobe. La tierra estéril del desierto que se encontraba alejada del río recibió el nombre de Tierra Roja, y ahí los egipcios edificaron tumbas y cementerios.

Río Nilo

Agua para una tierra árida

El Nilo fluye hacia el norte, a través del Valle del Nilo en Egipto (conocido como el Alto Egipto), y provee del agua tan necesaria a una tierra árida. En Menfis, cerca del Cairo moderno, el río se divide en un gran número de brazos (el delta del Nilo, conocido también como el Bajo Egipto) antes de desembocar en el Mar Mediterráneo.

A Palestina, Siria, Israel y Líbano

Sinaí

Golfo de Sue

Desiert

Tanis

Mendes

Avaris y Re-Ramsés

Bubastis

El Cairo

Giza
Saqqara
Menfis
Dahshur

El cementerio de Meidum contiene una pirámide derrumbada, construida por el rey Snefru.

Meidum

Construida por el rey Akenaton y la reina Nefertiti, la ciudad de Aketaton se conoce en la actualidad como Amarna.

Faiyún

Herakleópolis

Río Nilo

Aketatón

Alejandría

Pirámide Escalonada de Saqqara

Pirámide encorvada de Dahshur

Mar Mediterráneo

E L   B A J O
E G I P T O

Alejandro Magno fundó la ciudad de Alejandría, hogar de los reyes ptolomeicos. Cleopatra murió en esta ciudad en el año 30 a.C.

Ciudad bajo el agua
Hoy en día, gran parte de la antigua Alejandría se encuentra cubierta por las aguas del Mar Mediterráneo. Los arqueólogos submarinos son los encargados de realizar las excavaciones.

Pirámides y tumbas en Giza
Este cementerio que se sitúa en el desierto lo utilizaron los constructores de pirámides de la cuarta dinastía: Micerinos (izquierda), Kefrén (centro) y Keops (derecha). Muchos nobles construyeron tumbas alrededor de estas tres pirámides.

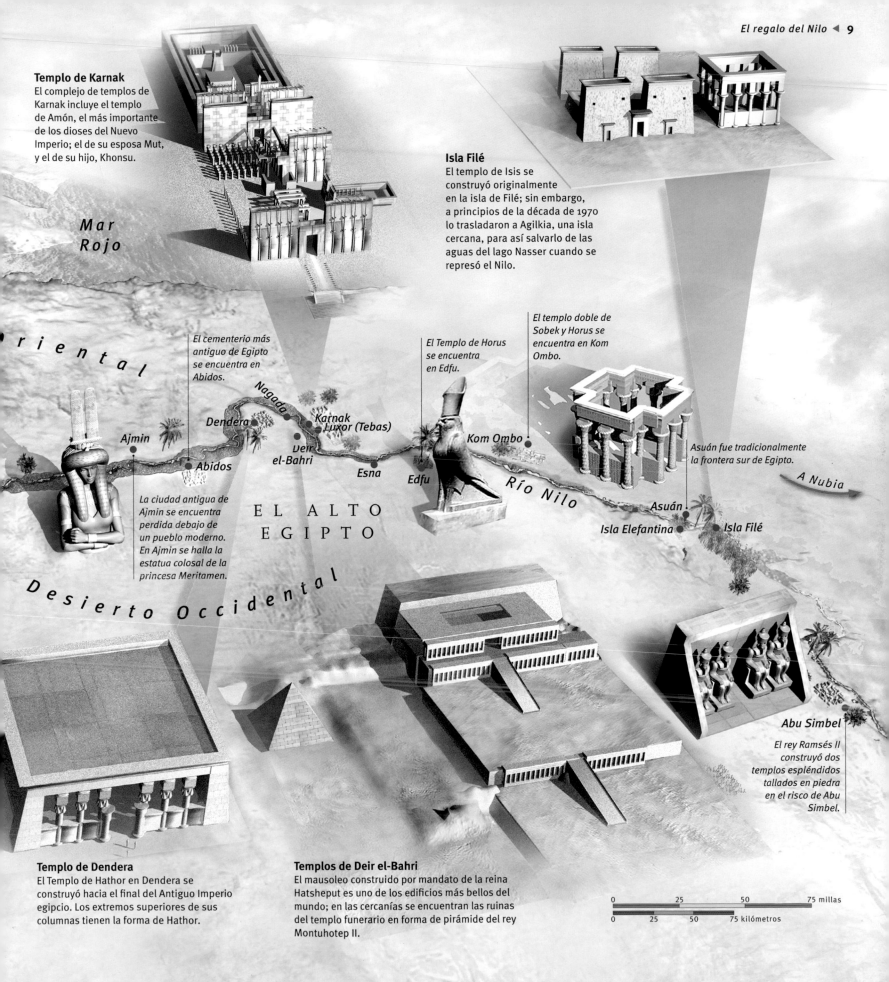

Templo de Karnak
El complejo de templos de Karnak incluye el templo de Amón, el más importante de los dioses del Nuevo Imperio; el de su esposa Mut, y el de su hijo, Khonsu.

Isla Filé
El templo de Isis se construyó originalmente en la isla de Filé; sin embargo, a principios de la década de 1970 lo trasladaron a Agilkia, una isla cercana, para así salvarlo de las aguas del lago Nasser cuando se represó el Nilo.

Mar Rojo

El cementerio más antiguo de Egipto se encuentra en Abidos.

El Templo de Horus se encuentra en Edfu.

El templo doble de Sobek y Horus se encuentra en Kom Ombo.

riental

Nagada

Dendera

Karnak
Luxor (Tebas)

Deir
el-Bahri

Ajmin

Abidos

Esna

Edfu

Kom Ombo

Asuán fue tradicionalmente la frontera sur de Egipto.

Río Nilo

A Nubia

E L   A L T O
E G I P T O

La ciudad antigua de Ajmin se encuentra perdida debajo de un pueblo moderno. En Ajmin se halla la estatua colosal de la princesa Meritamen.

Desierto Occidental

Asuán

Isla Elefantina

Isla Filé

Abu Simbel
El rey Ramsés II construyó dos templos espléndidos tallados en piedra en el risco de Abu Simbel.

Templo de Dendera
El Templo de Hathor en Dendera se construyó hacia el final del Antiguo Imperio egipcio. Los extremos superiores de sus columnas tienen la forma de Hathor.

Templos de Deir el-Bahri
El mausoleo construido por mandato de la reina Hatsheput es uno de los edificios más bellos del mundo; en las cercanías se encuentran las ruinas del templo funerario en forma de pirámide del rey Montuhotep II.

0	25	50	75 millas
0	25	50	75 kilómetros

Cronología del Antiguo Egipto

La larga historia de Egipto
La época dinástica de Egipto duró más de 3,000 años, a partir de su unificación hasta la muerte de Cleopatra VII.

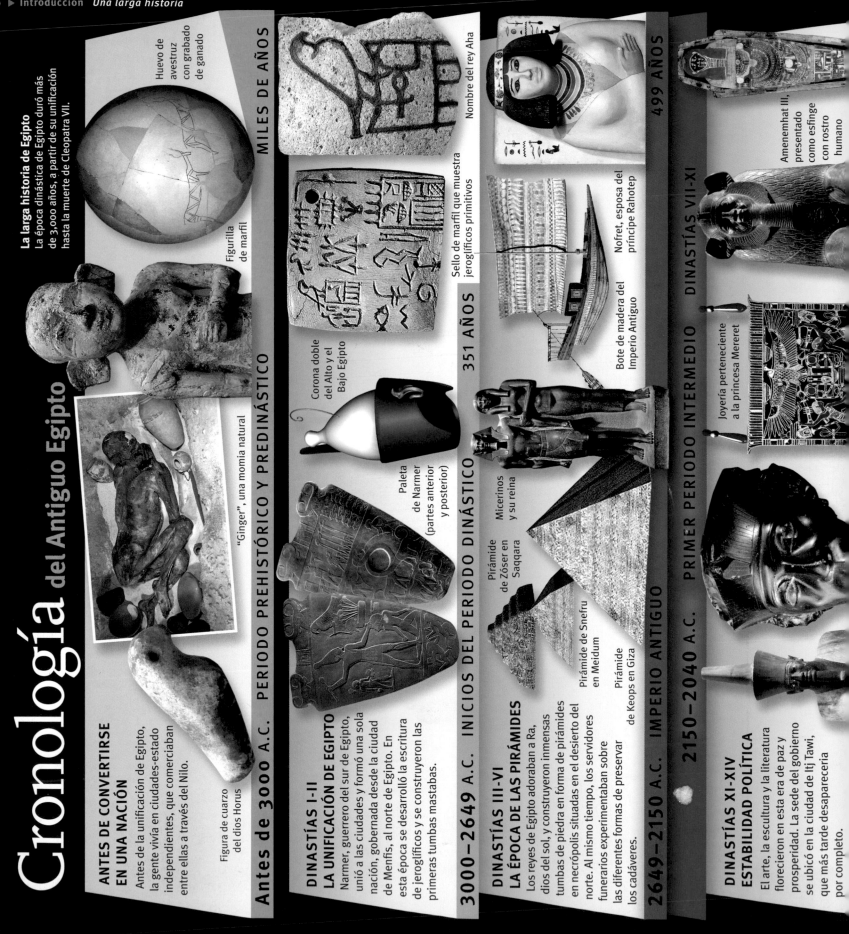

Huevo de avestruz con grabado de ganado

Figurilla de marfil

MILES DE AÑOS

ANTES DE CONVERTIRSE EN UNA NACIÓN

Antes de la unificación de Egipto, la gente vivía en ciudades-estado independientes, que comerciaban entre ellas a través del Nilo.

Figura de cuarzo del dios Horus

"Ginger", una momia natural

Antes de 3000 A.C.   PERIODO PREHISTÓRICO Y PREDINÁSTICO

Nombre del rey Aha

Corona doble del Alto y el Bajo Egipto

Paleta de Narmer (partes anterior y posterior)

DINASTÍAS I-II
LA UNIFICACIÓN DE EGIPTO

Narmer, guerrero del sur de Egipto, unió a las ciudades y formó una sola nación, gobernada desde la ciudad de Menfis, al norte de Egipto. En esta época se desarrolló la escritura de jeroglíficos y se construyeron las primeras tumbas mastabas.

3000–2649 A.C.   INICIOS DEL PERIODO DINÁSTICO

Sello de marfil que muestra jeroglíficos primitivos

351 AÑOS

Bote de madera del Imperio Antiguo

Nofret, esposa del príncipe Rahotep

Micerinos y su reina

Pirámide de Zóser en Saqqara

Pirámide de Snefru en Meidum

Pirámide de Keops en Giza

DINASTÍAS III-VI
LA ÉPOCA DE LAS PIRÁMIDES

Los reyes de Egipto adoraban a Ra, dios del sol, y construyeron inmensas tumbas de piedra en forma de pirámides en necrópolis situadas en el desierto del norte. Al mismo tiempo, los servidores funerarios experimentaban sobre las diferentes formas de preservar los cadáveres.

2649–2150 A.C.   IMPERIO ANTIGUO

499 AÑOS

DINASTÍAS VII-XI

Amenemhat III, presentado como esfinge con rostro humano

Joyería perteneciente a la princesa Mereret

2150–2040 A.C.   PRIMER PERIODO INTERMEDIO

DINASTÍAS XI-XIV
ESTABILIDAD POLÍTICA

El arte, la escultura y la literatura florecieron en esta era de paz y prosperidad. La sede del gobierno se ubicó en la ciudad de Itj Tawi, que más tarde desaparecería por completo.

SEGUNDO PERIODO INTERMEDIO   DINASTÍAS XV-XVII

480 AÑOS

Templo en Abu Simbel construido por Ramsés II

Máscara de la momia de Tutankamon

Akenaton y Nefertiti adorando a Atón

La reina gobernante Hatshepsut

1640–1550 A.C.

DINASTÍAS XVIII-XX
ÉPOCA DEL IMPERIO

Con un imperio extenso hacia el este y el sur, Egipto se convirtió en una nación opulenta y la ciudad de Tebas era su capital. A los reyes se les enterraba en tumbas de piedra en el Valle de los Reyes.

1550–1070 A.C.   IMPERIO NUEVO

TERCER PERIODO INTERMEDIO   DINASTÍAS XXI-XXIV

380 AÑOS

Alejandro Magno, gobernante extranjero, de Macedonia

Darío el Grande, gobernante extranjero, del reino de Persia

Esfinge con cabeza humana de Amasis

Nectanebo y la diosa Neith

1070–712 A.C.

DINASTÍAS XXV-XXXI
LOS ÚLTIMOS
GOBERNANTES EGIPCIOS

Durante esta época de confusión, Egipto fue gobernado por reyes extranjeros de Nubia y Persia, con intervalos de gobiernos locales. En el año 332 a.C., Alejandro Magno conquistó Egipto.

712–332 A.C.

PERIODO TARDÍO   302 AÑOS

Cleopatra VII

Piedra de Roseta

Templo de Edfu

Ptolomeo

El dios Serapis

FINAL DE LA
INDEPENDENCIA

Egipto fue gobernado por dinastías de reyes y reinas que provenían de Macedonia o Grecia y que vivían en Alejandría. La muerte de Cleopatra VII en 30 a.C. marcó el final de la era dinástica.

332–30 A.C.   PERIODO PTOLOMEICO

MÁS DE 2,000 AÑOS

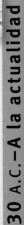

El Corán

Estatua de Ptolomeo colocada afuera de la moderna Biblioteca de Alejandría

El Cairo, vista nocturna de la capital moderna

Vista interna del Museo Egipcio, El Cairo

DEL FIN DEL IMPERIO
A NUESTROS DÍAS

Como parte del Imperio Romano, Egipto se convirtió al cristianismo; sin embargo, se volvió una nación musulmana cuando los árabes lo conquistaron en el año 640 d.C. En la actualidad, Egipto cuida de su herencia arqueológica.

30 A.C. – A la actualidad   DEL IMPERIO ROMANO A NUESTROS DÍAS

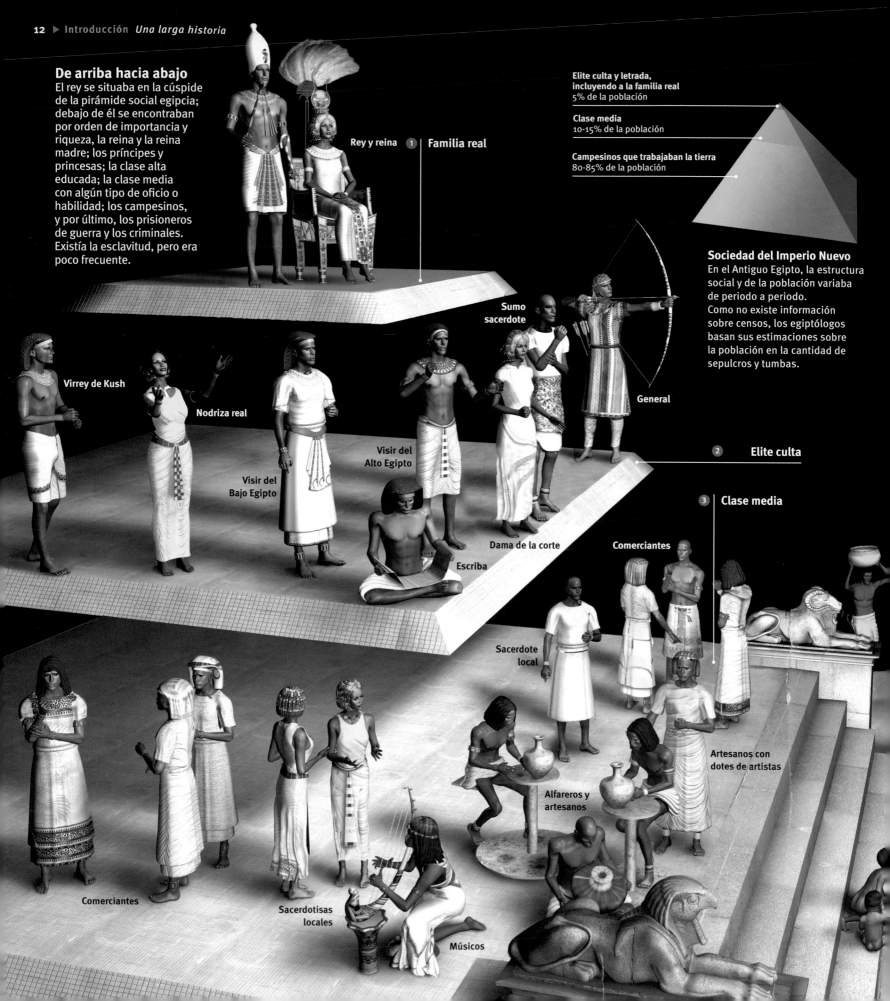

De arriba hacia abajo

El rey se situaba en la cúspide de la pirámide social egipcia; debajo de él se encontraban por orden de importancia y riqueza, la reina y la reina madre; los príncipes y princesas; la clase alta educada; la clase media con algún tipo de oficio o habilidad; los campesinos, y por último, los prisioneros de guerra y los criminales. Existía la esclavitud, pero era poco frecuente.

Rey y reina ① **Familia real**

Elite culta y letrada, incluyendo a la familia real
5% de la población

Clase media
10-15% de la población

Campesinos que trabajaban la tierra
80-85% de la población

Sociedad del Imperio Nuevo

En el Antiguo Egipto, la estructura social y de la población variaba de periodo a periodo.
Como no existe información sobre censos, los egiptólogos basan sus estimaciones sobre la población en la cantidad de sepulcros y tumbas.

Sumo sacerdote

Virrey de Kush

Nodriza real

Visir del Bajo Egipto

Visir del Alto Egipto

Escriba

Dama de la corte

General

② **Elite culta**

③ **Clase media**

Comerciantes

Sacerdote local

Comerciantes

Sacerdotisas locales

Músicos

Alfareros y artesanos

Artesanos con dotes de artistas

La pirámide social
del Antiguo Egipto

Egipto contaba con una estructura social rígida. Los niños eran educados para realizar el mismo trabajo que sus padres y sus abuelos, mientras que las niñas se preparaban para convertirse en buenas esposas y madres. Las mujeres podían trabajar fuera del hogar, por ejemplo, las mujeres casadas atendían puestos de mercado en donde vendían excedentes de los huertos , pero sus obligaciones domésticas eran su prioridad. Los matrimonios se celebraban entre un hombre y una mujer de la misma clase social, y sólo aquellos que tenían la suerte de recibir una educación podían aspirar a subir un peldaño en la pirámide social. El rey, llamado faraón, gobernaba Egipto, y se pensaba que era el único egipcio viviente que podía comunicarse con los dioses. El faraón era el líder del ejército, de la administración pública y del sacerdocio, y lo ayudaban las personas de la clase alta y culta que vivían en las ciudades y que se hicieron construir tumbas maravillosas. Casi toda la población era campesina y trabajaba la tierra que pertenecía al Estado o los templos; al morir eran enterrados en sepulcros sencillos en el desierto.

Fabricación de ladrillos de barro
Esta escena de la tumba del visir Rekhmire muestra a los trabajadores que fabrican ladrillos de barro. Primero (izquierda) toman agua de un estanque para mezclar el barro; después (derecha) utilizan moldes de madera para dar forma a los ladrillos, que luego se secarán al sol.

Conteo de ganado
Esta maqueta de madera pintada hallada en la tumba de Meket-Ra muestra a los pastores llevando el ganado para que los escribas y otros funcionarios lo cuenten y registren.

④ Obreros calificados

Granjeros que vendían sus productos

Arquero

⑤ Campesinos y trabajadores manuales

Vendedores de cerveza

Campesino granjero

Granjeros

Soldado de infantería

Soldado de infantería

Esclavo

Arquero

Picapedrero

Sirviente

Campesina con niños

Desenterrando al
Antiguo Egipto

La Época Dinástica terminó en el año 30 a.C., cuando Egipto se convirtió en parte del Imperio Romano. En 391 d.C. Egipto se convirtió en una nación cristiana, se cerraron todos lo templos antiguos, la momificación dejó de practicarse y ya no se utilizó la escritura de jeroglíficos. En 640 d.C. la conquista árabe aisló a Egipto del mundo occidental. Durante más de mil años, la herencia de la cultura egipcia permaneció casi en el olvido; sin embargo, en 1798, el general francés Napoleón Bonaparte invadió Egipto y en su expedición se encontraba un grupo de prominentes eruditos deseosos de investigar las ruinas de Egipto. La publicación de sus trabajos inspiró a otros investigadores. Los arqueólogos como Giovanni Battista Belzoni, quien solía trabajar en un circo como hombre fuerte, empezaron a descubrir los monumentos antiguos, mientras que el lingüista Jean François Champollion utilizó la escritura de la Piedra de Roseta, que acababa de ser descubierta, para descifrar los jeroglíficos.

Revelación de un código antiguo: la Piedra de Roseta
Esta piedra fue la clave para descifrar la escritura perdida de los jeroglíficos, en ella se encuentran talladas tres versiones de un decreto que emitió el rey Ptolomeo V en el año 196 a.C. El decreto se escribió dos veces en la lengua egipcia, utilizando jeroglíficos (arriba) y escritura demótica (centro), y por último en griego antiguo (abajo).

Champollion utilizó el griego antiguo para decodificar las escrituras egipcias perdidas.

LA EGIPTOLOGÍA EN LA ACTUALIDAD

Hoy en día los egiptólogos aún están trabajando para obtener un conocimiento completo de la vida y muerte en el Antiguo Egipto. Deben utilizar muchas habilidades diferentes: realizan excavaciones en tierra y acuáticas, hacen investigación científica y trabajo lingüístico, y siempre deben tener cuidado de preservar la herencia de la cultura egipcia.

Fase 1
Primero se recrea el cráneo.

Fase 2
Después se modelan los músculos y los rasgos.

Fase 3
Reconstrucción del sacerdote Nesperennub.

Recreación del Antiguo Egipto

Las excavaciones son sólo el principio del trabajo de los egiptólogos modernos. La momia que descubrió el doctor Zahi Hawass (izquierda) se llevará al laboratorio para realizarle un completo análisis médico, que revelará información sobre su edad, género y salud. Tal vez se reconstruya la cabeza de la momia por medio del modelaje y de tecnología computarizada (como se muestra arriba).

Cronología de los descubrimientos arqueológicos

1798 Los investigadores de Napoleón llegan a Egipto.

1799 Descubrimiento de la Piedra de Roseta.

1816 Belzoni recolecta piezas para el Museo Británico.

1822 Champollion decodifica los jeroglíficos.

1858 Creación del Servicio Nacional de Antigüedades de Egipto.

1880 Flinders Petrie comienza a investigar la Gran Pirámide.

1922 Howard Carter descubre la tumba de Tutankamon.

1939 Pierre Montet descubre las tumbas reales de Tanis.

1992 Inicia la investigación submarina de la antigua Alejandría.

Década de 1990 Es posible realizar escaneo con tomografía computarizada y pruebas de ADN a las momias.

Excavación extranjera, 1816

En 1816, Giovanni Battista Belzoni contrató trabajadores para llevar la cabeza gigante conocida como el "Joven Memnon" (de hecho, una estatua colosal dañada de Ramsés II) desde el Ramesseum de Luxor hasta la orilla del Nilo. Hoy en día la estatua se exhibe en el Museo Británico, en Londres. A los excavadores modernos no se les permite sacar de Egipto los objetos que descubren.

Los dioses egipcios

Egipto cuenta con una gran cantidad de dioses y diosas nacionales. Estos seres divinos se comportaban casi como egipcios mortales: se enamoraban, se casaban, tenían hijos y se peleaban. Algunos dioses tenían ciertas responsabilidades: Thoth era el escriba de los dioses, mientras que Hathor era la diosa de la maternidad, la música y la ebriedad. Las estatuas de los dioses eran adoradas en los templos que dominaban las ciudades de Egipto. Sólo los reyes y sus sacerdotes se podían comunicar con los dioses nacionales. La gente ordinaria no tenía permitido entrar a la parte interior de los templos; en su lugar, podían adorar a los dioses locales menos importantes. Un gran número de hogares tenía altares para venerar a sus ancestros.

Atum, el creador
La mitología explica cómo al principio del tiempo, un montículo emergió del mar y sobre él se encontraba sentado el dios Atum, quien al estornudar dio vida a los gemelos divinos, Shu y Tefnut. Después Atum lloró, y de sus lágrimas surgió la humanidad.

Bastet, la diosa gata
Mucha gente piensa que los egipcios veneraban a todos los gatos, lo cual no es cierto, aunque la diosa Bastet tomaba la forma de un gato.

Amuletos y talismanes
Los amuletos y talismanes se utilizaban para proteger a los vivos y los muertos del mal. Podían ser de metal, piedra, vidrio o cerámica fayenza, y por lo general tenían forma de dioses o diosas.

Pectoral de escarabajo
Este amuleto protector fue descubierto en la tumba de Tutankamon.

Amuleto de ojo de cobra alada
El ojo de cobra alada o udjat simboliza al ojo del dios Ra. Los egipcios piensan que el ojo de udjat tiene poderes curativos y protege a la persona que lo usa. El color verdeazul de este talismán era conocido como el color de la vida.

Ra
El dios más importante del Imperio Antiguo de Egipto: dios del sol.

Isis
Esposa de Osiris y madre de Horus: sanadora y hechicera.

Osiris
Dios de los muertos, también conocido como el dios-rey de la vida después de la muerte.

Horus
Hijo de Isis y Osiris, vinculado con el rey viviente de Egipto.

Thoth
Escriba de los dioses, puede tomar la forma de ibis o de mandril.

Anubis
Dios de los cementerios y la momificación, representado con cabeza de chacal.

Seth
Dios malévolo, hermano de Isis y Osiris.

Amón
El dios más importante de la nación del Imperio Nuevo de Egipto.

Corona de Hathor *Hathor era la hija del dios del sol. Su corona es un disco que representa al sol con un par de cuernos de vaca.*

Collar de Hathor
Es un collar religioso que emite ruidos de sonaja cuando lo agitan.

Peluca de Seti *Seti usa una peluca elaborada y un uraeus (cobra) en la frente.*

Collar de Seti
El rey usa un collar muy elaborado y colorido; por lo regular, los hombres de Egipto utilizaban joyería y cosméticos.

Contrapeso
Un contrapeso cuelga y sostiene el collar de Hathor en su lugar.

Vestido de Hathor
Hathor usa un vestido de lino largo y ajustado, similar a los vestidos que usaban las mortales.

La diosa Hathor

En esta escena que proviene de la tumba del rey Seti I, el rey muerto se encuentra de pie frente a la diosa Hathor, quien puede tomar la forma de una vaca o de una mujer con cabeza de vaca; sin embargo, aquí aparece como una hermosa mujer. Hathor muestra su collar al rey y lo lleva de la mano hacia la vida después de la muerte.

Una guía para el rey
La diosa sostiene la mano del rey para guiarlo y protegerlo en la vida después de la muerte.

Túnica de Seti
La larga túnica de Seti, hecha de lino, presenta una gran cantidad de pequeños pliegues.

El mandato divino de

Los faraones

Durante más de tres mil años Egipto fue gobernado por un faraón o rey, que era dueño de toda la tierra y lo que se encontraba en ella. Horus era el dios que gobernaba el Egipto viviente; en otras palabras, un rey viviente era considerado como el rey Horus. Los reyes muertos se convertían en alguna versión de Osiris, dios de los muertos. Cuando el rey viviente Horus moría, se convertía en Osiris, y su hijo y sucesor se convertía en el rey Horus. Los reyes egipcios tenían una esposa principal, la reina consorte, una mujer que desempeñaba un papel importante en la política y los asuntos religiosos, y que también aparecía al lado del rey en las representaciones de arte. A veces, la reina consorte era la hermana del rey.

El rey podía tener muchas otras esposas secundarias, quienes tenían vidas privadas lejos de la corte.

Tutankamon

El joven rey Tutankamon se encuentra parado sobre un bote de papiro para arrojar su lanza a un hipopótamo. Tutankamon subió al trono muy joven, tal vez a los 8 años de edad, y murió poco después de los veinte años, probablemente como consecuencia de un accidente de carroza o de barco.

Hatshepsut

Sólo tres mujeres –Sobeknofru, Hatshepsut y Tausret– gobernaron Egipto como soberanas antes del Periodo Ptolemeico. La reina Hatshepsut gobernó durante 22 años. Esta estatua dañada apareció en su templo funerario, y la muestra como Osiris, dios de la muerte. Hatshepsut usa una barba faraónica y una corona de hombre.

SÍMBOLOS DE PODER

Los reyes de Egipto utilizaban diferentes coronas según la ocasión ceremonial. Las reinas y los dioses también utilizaban coronas. A pesar de que no se ha encontrado ninguna corona, los arqueólogos creen que se elaboraban con piel.

Corona roja del Bajo Egipto

Corona blanca del Alto Egipto

Doble corona del Bajo y el Alto Egipto

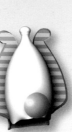
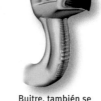

Corona emplumada utilizada por Osiris

Corona de Atef que se colocaba sobre un lienzo de tela

Corona azul para la guerra

Uraeus, o cobra real, se colocaba en la frente sobre las coronas

Buitre, también se colocaba sobre las coronas, justo en la frente

El rey y la reina

A los faraones siempre se les representó como hombres jóvenes y saludables, incluso a pesar de que, como podemos ver al analizar sus momias, a veces eran en realidad viejos y no estaban en forma. Por lo general, las reinas se paraban ligeramente detrás de sus maridos.
Siempre se les representó jóvenes y hermosas.

Corona blanca
El primero en utilizar esta corona fue el prehistórico Rey Escorpión, quien gobernó antes de que Egipto se convirtiera en una nación unificada.

Desgranador ceremonial
Los reyes y el dios Osiris llevaban esta herramienta para la agricultura.

Maquillaje
Los hombres y las mujeres se maquillaban de manera extravagante.

Tocado de buitre
El tocado de buitre se asemejaba a un pájaro posado sobre la cabeza de la reina.

Cobra real
Sobre el tocado de buitre de la reina se colocaba un uraeus o cobra real.

Joyería
Tanto la reina como el rey usaban collares de cuentas muy elaborados.

Gancho
El gancho ceremonial era utilizado por los reyes y el dios Osiris.

Peluca *Por lo regular, las mujeres adineradas utilizaban pelucas. Hebras del propio cabello de la reina enmarcan el rostro, por debajo de su peluca.*

Vestido *La reina usaba vestidos con pliegues, elaborados con lino fino.*

Falda
La falda del rey estaba hecha de lino blanco.

La construcción de
Las pirámides

Los reyes de los imperios Antiguo y Medio construyeron tumbas en forma de pirámide en necrópolis que se encontraban en el desierto del norte. Las primeras pirámides se construyeron de piedra, mientras que las más recientes eran de ladrillos de barro recubiertas de una delgada capa de piedra; de estas últimas, la mayoría ya se ha derrumbado. No todas las pirámides tienen el mismo diseño interior: algunas contaban con sepulcros dentro de la misma pirámide, mientras que otras se construían sobre los sepulcros que se encontraban en el suelo. La construcción de pirámides requería de mucha mano de obra, tanto en el lugar donde se construía la pirámide como en la cantera. Algunos de estos trabajadores eran constructores profesionales de pirámides de tiempo completo, pero la mayoría eran obreros contratados para trabajar para el rey durante tres meses, y después regresaban a sus hogares.

Una obra sorprendente
Nadie sabe con exactitud cuántos bloques de piedra contienen las pirámides de Egipto, pero se estima que la Gran Pirámide está formada por 2.3 millones de bloques con un peso promedio de 2.5 toneladas. Las piedras de la pirámide interior provenían de canteras cercanas al lugar de construcción; para el exterior de la pirámide se utilizaba piedra caliza de mejor calidad.

Piedras de gran calidad
Los bloques de piedra caliza fina se transportaban desde la cantera en barcos, a través del Nilo, y se utilizaban para cubrir la parte externa de la pirámide.

Las piedras de las pirámides
Los expertos calculan que dos bloques de piedra podían pesar tanto como un elefante. Los bloques se arrastraban en trineos de madera desde una cantera cercana.

Cargadores de agua
Hombres y burros llevaban y derramaban agua en el camino para facilitar el deslizamiento de las piedras.

¿CUÁNTO MEDÍAN LAS PIRÁMIDES?

Hasta el siglo XIX, la Gran Pirámide de Keops era el edificio más alto del mundo, similar a un edificio moderno de 48 pisos. Sus 146 metros de altura han sido superados por rascacielos como el Taipei 101 de Taiwán, que mide 508 metros. Sin embargo, la Gran Pirámide todavía es el edificio más grande jamás construido: con sus bloques de piedra caliza se podrían construir 30 edificios como el Empire State.

Casa de la Ópera de Sydney, Australia

Pirámide Escalonada de Zóser, Egipto

Estatua de la Libertad, EUA

Pirámide Encorvada de Snefru, Egipto

Catedral de San Pablo, RU

Torre Eiffel, Francia

Gran Pirámide de Keops, Egipto

Taipei 101, Taiwán

Rampas
Los constructores de pirámides utilizaron rampas de barro y grava que se podían desmantelar una vez que la pirámide se terminaba; existían diferentes tipos de rampas.

Rampa recta

Rampa en zigzag en un costado de la pirámide

Rampa recta con una rampa en zigzag que rodea la pirámide

Camino *El camino se fabricaba con vigas de madera pesadas que se colocaban en el suelo.*

Recubrimiento desaparecido
El recubrimiento pulido de
todas las pirámides de Egipto
se perdió hace muchos años.

Rampa La rampa permite
que los obreros arrastren
los bloques hasta la cima
de la pirámide.

Dentro de la pirámide
Para construir cámaras
dentro de la pirámide se
utilizaron duros bloques
de granito.

Traslado de la piedra
Los trabajadores
arrastraban los bloques de
piedra caliza sobre trineos
de madera desde una
cantera cercana.

La preparación de una
Momia

Una momia es un cuerpo preservado. La aparición de las primeras momias egipcias ocurrió de manera natural: los cuerpos se secaban al enterrarse en la arena caliente del desierto. Sin humedad, la bacteria que causa la descomposición del cuerpo no puede sobrevivir, así que los cuerpos no se descomponían. Inspirados por estas momias naturales, los egipcios creían que mientras el cuerpo se preservara, el alma podría vivir para siempre. Durante casi 3,000 años, los egipcios adinerados momificaron a sus muertos; este proceso era realizado por los sacerdotes y se llevaba unos 70 días.

Inicio de la envoltura
Después de embalsamar, la cabeza es la primera parte de la momia que se cubrirá con vendas de lino.

Devolución de órganos
En diferentes momentos, los órganos secos se cubren con lino y se regresan al cuerpo o se conservan en vasijas canopes.

Joyería y talismanes
La joyería y los amuletos (talismanes de la suerte que por lo general tenían inscripciones con hechizos) se insertaban en las vendas de lino.

Un cerebro desechable
Como no se le otorgaba ninguna importancia, el cerebro se extraía del cráneo por la nariz y se desechaba.

Dioses y rituales
Anubis, el dios con cabeza de chacal, vigilaba el proceso de embalsamamiento, que incluía rituales especiales en cada etapa.

Preservación de órganos
Los intestinos, el hígado, el estómago y los pulmones se extraían a través de un corte en el costado izquierdo del cuerpo. Después, estos órganos se cubrían con una sal llamada natrón para secarlos.

Un corazón atesorado
El corazón permanecía en el cuerpo. Los egipcios creían que el corazón era el centro de la inteligencia.

Sal de lago
El natrón es un depósito que se encuentra en las orillas de los lagos salados; esta sal se esparce sobre el cuerpo y se deja reposar durante 40 días para secarlo. Una vez que se elimina toda la humedad, el cuerpo no se descompone.

En declive *La mesa inclinada para embalsamar permite que los fluidos corporales se eliminen a medida que el cuerpo se seca.*

Sábana de lino
El cuerpo vendado se cubre con una sábana de lino. El dios Anubis guiará al alma del difunto al otro mundo.

Terminado
La envoltura queda lista con una última cubierta de lino. Se puede colocar una máscara dorada antes de introducir la momia al ataúd.

Ataúd protector
El ataúd, con la forma de la figura humana, protege al cuerpo y alberga al espíritu. En la tapa se elabora un retrato del difunto.

HACIA LA TUMBA

L a momia en su ataúd se enterraba con todos los bienes que la persona muerta podría necesitar en la vida después de la muerte. Las tumbas se llenaban con comida, bebida, ropa, muebles, carrozas, perfumes, joyas y figuras de sirvientes que trabajarían para el difunto. Por desgracia, todos estos bienes atrajeron a los saqueadores de tumbas, que muchas veces las robaban poco después del funeral.

Momias de animales
No todas las momias egipcias eran humanas. Por lo general, los animales sagrados se momificaban y enterraban en cementerios especiales para animales que se encontraban a un lado de los templos.
No eran mascotas, sino ofrendas para los dioses; sin embargo, una princesa compartió un ataúd con su mandril mascota momificado.

Vasijas canopes

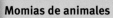
Momias de cocodrilo y de gato

Maqueta de embarcación

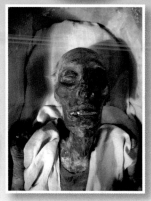

Ramsés II sin vendas
El cuerpo de Ramsés II sin vendas muestra que era alto, con una gran nariz y pelirrojo.

El camino a la
Vida después de la muerte

Las ideas sobre la vida después de la muerte cambiaron a lo largo de la época dinástica. Al principio, sólo los reyes poseían un alma lo suficiente fuerte como para abandonar la tumba y vivir con los dioses; todos los demás tendrían que permanecer dentro de sus tumbas como fantasmas. Durante el Imperio Medio, las ideas sobre la vida después de la muerte se volvieron más democráticas y, si se realizaban los rituales correctos, cualquier alma podría dejar su tumba y vivir con Osiris en el Campo de Cañas (la vida después de la muerte). En un funeral egipcio se contrataba gente que lloraba y cubría sus cabezas con polvo, y un sacerdote celebraba la "ceremonia de apertura de la boca" a la puerta de la tumba, tocando el rostro de la momia con herramientas sagradas. Este ritual permitía que el alma de la persona fallecida regresara a la vida. Entonces el alma se dirigiría al oeste, donde cruzaría un laberinto y contestaría a las preguntas realizadas por los demonios guardianes del portal. Por último, Osiris juzgaría al difunto.

Sirvientes para la vida después de la muerte
Preocupados por trabajar en el Campo de Cañas, los egipcios adinerados eran enterrados con figuras de sirvientes que recibían el nombre de shabtis. Parecían momias en miniatura, y algunas cargaban canastas o herramientas de cultivo. Los shabtis tenían inscripciones de conjuros que los harían cobrar vida.

El viaje de Hunefer
Anubis, el dios con cabeza de chacal, guía al muerto Hunefer a la sala del juicio. En su mano izquierda, Anubis sostiene el Anj, signo de vida.

Pesaje del corazón
El corazón de Hunefer se pesa contra la pluma de la verdad.

Anubis
Anubis ajusta la balanza para asegurar su precisión.

El Libro de los Muertos

El Libro de los Muertos era un texto religioso escrito ya fuera en las paredes de la tumba o en un rollo de pergamino. Le indicaba a la persona muerta la forma en que tendría que comportarse en la vida después de la muerte e ilustraba las diferentes etapas del viaje al Campo de Cañas. Esta versión del *Libro de los Muertos* perteneció a un hombre llamado Hunefer.

Osiris *Osiris, dios de los muertos, observa el juicio de Hunefer desde su trono.*

"Ceremonia de apertura de la boca"
Horus realiza este importante ritual, que permite que el alma del difunto regrese a la vida.

Anubis, el chacal
Anubis, dios del cementerio, puede representarse como chacal (como en la parte superior de este cofre) o como un humano con cabeza de chacal (como en la parte frontal del cofre).

Sarcófago
En el interior de este sarcófago de gran tamaño, o ataúd externo, se guarda la momia dentro de otros ataúdes con forma humana.

Thoth
Como escriba de los dioses, Thoth registraba el resultado en su rollo de pergamino. El corazón de Hunefer era ligero.

Horus *El dios Horus guía a Hunefer al trono de Osiris. Las cuatro figuras en miniatura representan a los cuatro hijos de Horus.*

Cofre canópico
El cofre canópico guarda cuatro canopes que contienen el estómago, los intestinos, el hígado y los pulmones preservados.

Ammit
La bestia Ammit esperaba a un lado de la balanza, y devoraría a Hunefer si su corazón pesaba más que la pluma de la verdad.

El cultivo de
La tierra

El nombre de las tres estaciones de Egipto dependía del ascenso y descenso del Nilo. Cada año, de julio a octubre, el Nilo crecía e inundaba sus riberas, derramando agua y tierra fértil sobre los campos. Esta estación recibió el nombre de "Akhet", tiempo de inundaciones. Al terminar esta temporada, a finales de octubre, la retirada de las aguas del río dejaba los campos húmedos y listos para cultivarse. "Peret", la siguiente estación, correspondía al invierno (de noviembre a marzo) y era la época de brote. Peret terminaba con una cosecha abundante. En verano o "Shemu" (de abril a junio), el cálido sol horneaba y esterilizaba la tierra. Este ritmo natural de la agricultura terminó en la década de 1960, cuando se construyó la Gran Presa de Asuán.

La siembra *Cuando el río se retiraba, dejaba los campos húmedos y suaves, cubiertos de peces moribundos que los granjeros recolectaban y comían. Rápidamente, antes de que el suelo se endureciera, los granjeros araban la tierra y esparcían las semillas.*

Los granjeros egipcios

Egipto debía su éxito económico a sus granjeros trabajadores. La gran mayoría de su población vivía en aldeas y caseríos dentro de las tierras de cultivo, propiedad de una minoría acaudalada. El excedente de alimentos se almacenaba en bodegas anexas a los templos y palacios.

AKHET

Granjeros esparciendo semillas

Granjero arando la tierra

PRINCIPIOS DEL PERET

Época de inundaciones *Con la estación de Akhet, los campos quedaban bajo el agua y escaseaba el trabajo en las granjas, aunque con frecuencia los reyes encontraban ocupaciones para su fuerza laboral inactiva. Los granjeros mostraron un gran juicio al construir sus casas de ladrillos de barro fuera del alcance de las aguas del río.*

Casas a salvo de las inundaciones

El Nilo inunda los campos

La agricultura en la vida después de la muerte

Muchos egipcios adinerados decoraron sus tumbas con escenas agrícolas, pero no eran escenas de la vida que ellos habían tenido en Egipto, sino cuadros idealistas de campos fértiles y ricas cosechas que esperaban disfrutar después de la muerte.

Cosechas abundantes

Después de pasar el invierno ahuyentando pájaros en los campos, los granjeros se encontraban listos para cosechar sus cultivos. Los granjeros egipcios cultivaban trigo y cebada para comer, y lino para elaborar ropa. Las legumbres, frutas y vegetales crecían en los huertos de los mercados.

Granjeros cosechando sus cultivos

Se cultiva trigo y cebada para preparar pan y cerveza

FINALES DEL PERET

Las embarcaciones
en el Nilo

El Nilo era la vía principal del antiguo Egipto, unía a los pueblos y ciudades que se establecían a lo largo de su ribera. Los lugares más distantes, como las pirámides del desierto, se unían al Nilo a través de un sistema de canales. Los egipcios no contaban con una red de carreteras, y dependían de los botes como su medio principal de transporte. A pesar de que muy pocos barcos lograron subsistir, las ilustraciones y modelos nos explican los diferentes tipos de embarcaciones. Los primeros barcos egipcios se construyeron de papiro y aparecieron en el año 4000 a.C. Se fabricaron barcos de madera más grandes y caros, los cuales utilizaba la familia real, y transportaban artículos para comerciar por el Mar Mediterráneo. Las grandes barcazas, remolcadas por una flota o botes pequeños, se utilizaron para mover materiales pesados de construcción y estatuas colosales de piedra.

Balsa de papiro
Las primeras embarcaciones que navegaron por el Nilo estaban hechas de tallos de papiro atados con cuerdas. Estas balsas, baratas y fáciles de construir, se utilizaban para cruzar el río, pescar y cazar. Con frecuencia aparecen en pinturas transportando al dios sol.

Imperio Antiguo
La madera reemplazó al papiro como materia prima en la construcción de barcos grandes durante el Imperio Antiguo. Algunos barcos eran bastante fuertes para transportar varias toneladas de piedra desde las canteras en el Alto Egipto, hasta el sitio donde se construían las pirámides.

Imperio Medio
En el Imperio Medio, el diseño de los cascos utilizó menos vigas y adoptó fondos más redondos. La vela podía izarse cuando se navegaba contra corriente y se podía bajar cuando se remaba río abajo con la corriente.

CONSTRUCCIÓN DE UN BARCO

Los antiguos egipcios diseñaban sus barcos de madera con base en sus primeras naves de papiro y también tomaron prestadas algunas técnicas de construcción de barcos de sus socios comerciales.

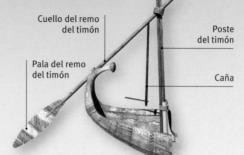

Cuello del remo del timón

Poste del timón

Pala del remo del timón

Caña

Dirección
La gran mayoría de los barcos de Imperio Medio tenían un enorme remo de timón. El timonel se colocaba entre el poste y el remo del timón y movía la caña hacia los lados para rotar el remo y gobernar el bote.

Grapa de mariposa

Clavija

Tablones del bote

Los tablones se unían con grapas de mariposa y clavijas

Los tablones
El casco y los costados de los botes de madera se construían sin clavos; por la falta de madera de buena calidad, muchos barcos se fabricaban con tablas pequeñas, que se unían con grapas de mariposa y clavijas o se ataban con cuerdas. La madera de los barcos más grandes era importada.

Castillo de popa

Imperio Nuevo
Durante el Imperio Nuevo se utilizó una gran variedad de diseños, los cuales por lo general contaban con dos remos de timón, una caseta de cubierta central y un castillo de pasajeros en cualquiera de los extremos. La carga se colocaba en la caseta de cubierta o en la cubierta.

Remo del timón

Mástil

Caseta de
cubierta

Vela de lino

Castillo de proa

Un hogar egipcio

A pesar de que los antiguos egipcios construyeron sus tumbas y templos de piedra, construían sus casas y palacios con ladrillos de barro, más barato y fácil de conseguir, y que además mantenía las casas calientes durante el invierno y frescas en los cálidos meses del verano. Por desgracia, a diferencia de los templos y las tumbas, la gran mayoría de estas casas de adobe se desintegró y desapareció. Por consiguiente, para reconstruir las casas egipcias, los arqueólogos se ven obligados a confiar en planos y dibujos antiguos.

¿CASAS DE UNO O VARIOS PISOS?

Los dibujos de las tumbas sugieren que los egipcios vivieron en casas de varios pisos; sin embargo, los descubrimientos arqueológicos indican que las casas eran grandes y de un solo piso. ¿Por qué la diferencia? Quizá los artistas egipcios deseaban mostrar todas las habitaciones de una casa, pero aún no usaban el dibujo en perspectiva, por lo que representaron las habitaciones una arriba de otra.

Sala central

Recibidor sostenido con pilares

Escaleras hacia la puerta y el vestíbulo

Recámara

Baño

Recámara

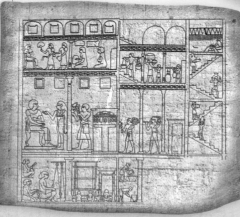

Las evidencias arqueológicas sugieren que esta casa, perteneciente a un noble, era una villa de un solo piso (arriba), a pesar de que los planos de las tumbas indican que se trata de una vivienda de varios pisos (izquierda).

La villa de un noble

Esta villa se reconstruyó a partir de los planos de una tumba. Mientras que la clase pobre vivía en pequeñas casas estrechas construidas en terrenos elevados, los egipcios adinerados edificaron grandes villas, como la que aquí se muestra. La villa se encontraba rodeada de pacíficos jardines y un estanque lleno de peces.

Granero

Djehuty-nefer, señor de la casa

Sala

Recibidor

Muebles finos

Los egipcios se llevaban sus muebles a la tumba. Esta antigua silla baja se recuperó de una tumba tebana del Imperio Nuevo.

Los sirvientes preparan la comida y las bebidas, como pan y cerveza.

Cocina

Recipientes para almacenamiento y silos para granos.

Los alimentos y recipientes se llevan al granero.

No obstante que en los planos de la tumba estos arcos parecen ventanas, es probable que se trate de algún tipo de contenedor para almacenar.

Las recámaras y los baños podrían encontrarse a la derecha de las escaleras. Esta parte del plano se dañó, pero las evidencias arqueológicas indican que las casas egipcias tenían baños con excusados y regaderas.

Los sirvientes llevaban los productos ante su señor para su inspección, y un escriba lo registraba.

Las visitas se atienden en el recibidor.

Los sirvientes llevaban la comida a través de antecámaras.

Posibles habitaciones de los sirvientes

Canto, danza y
Música

La música y la danza tuvieron un papel importante en la vida diaria de los egipcios desde los inicios de su historia; no existían los teatros o salas de concierto, pero los músicos trabajaban en banquetes privados y festivales religiosos. En los servicios funerarios muy suntuosos se incluían tres diferentes tipos de danzas. Las ilustraciones de las tumbas muestran que la mayoría de los bailes eran representaciones atléticas, que incluían saltos mortales y de rueda de carro. Mientras que la mayoría de las egipcias vestían atuendos largos, las bailarinas utilizaban un vestuario corto, e incluso danzaban desnudas.

Ha perdurado un gran número de instrumentos, pero como no existe música escrita, es difícil reconstruir el sonido que producían los músicos antiguos.

Danza
Muchas tumbas del Imperio Nuevo incluían pinturas de banquetes que mostraban a bailarinas y músicas entreteniendo a los comensales.

Instrumentos musicales
Los músicos egipcios tocaban instrumentos de cuerda, como arpas, laúdes y liras; instrumentos de viento, como flautas, clarinetes dobles y oboes; e instrumentos de percusión, incluyendo panderos. Algunos instrumentos tenían funciones específicas: el ejército utilizaba trompetas, clarines y tambores, mientras que en las ceremonias religiosas se utilizaban cascabeles, platillos y campanas.

Arpa de cinco cuerdas

Arpa de trece cuerdas

Flauta de caña o clarinete

Flauta de hueso o clarinete

Oboe doble

Trompeta militar

Sistro, cascabeles religiosos

Tambor de marco cóncavo

Arpas Las arpas se fabricaban de madera, con incrustaciones de hueso y cerámica fayenza, y se pintaban con colores vivos.

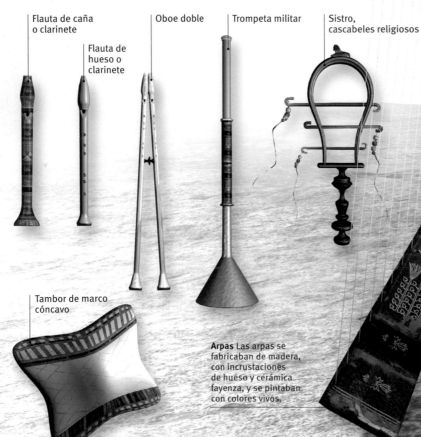

Gorros de fiesta *Los egiptólogos pensaban que los tocados de "gorros de fiesta" eran conos de grasa perfumada; sin embargo, en la actualidad se sabe que son un símbolo que se relaciona con la reencarnación*

¿Y la música? *Contamos con la letra de varias canciones egipcias, pero no sobrevivió su música.*

Tambor

Laúd de tres cuerdas

El harén real

Las mujeres del harén real eran músicas y bailarinas consumadas que utilizaban sus habilidades para entretener al rey. Otras músicas y bailarinas se presentaban en ceremonias religiosas y funerales.

Bailarina y tamborilera

Lira de siete cuerdas

Senet *El Senet era un antiguo juego de mesa similar al backgamón moderno.*

Decoración de las tumbas

Los artistas que decoraban las tumbas de Egipto eran respetados como maestros artesanos. Este artista utiliza la cuadrícula para asegurarse de que sus figuras se encuentran bien proporcionadas; al terminar la escena, pintará sobre la cuadrícula para borrarla.

Las herramientas del oficio
El artista utiliza delgados pinceles de caña y pinturas hechas de pigmentos de tierra.

Pinturas del pasado:

Arte antiguo

La escritura jeroglífica apareció en Egipto al principio de la Época Dinástica, cerca del año 3100 a.C. Los jeroglíficos eran signos elaborados que se colocaban en filas o columnas y se podían leer de izquierda a derecha o de derecha a izquierda. Los primeros escritos eran largas listas relacionadas con los rituales funerarios, en las que se registraban los detalles de los bienes del sepulcro y las ofrendas para los muertos. Las primeras historias de ficción se escribieron en el Imperio Medio. Muy pocos niños egipcios iban a la escuela, menos del 10% de la población podía leer o escribir, y la escuela para escribas era muy primitiva. Los escribas experimentados aprendieron a escribir copiando una y otra vez textos que incluían oraciones, letras modelo, historias y consejos para los estudiantes jóvenes sobre la forma de vivir la vida.

Descanso de la familia real
El rey Akenaton y su reina Nefertiti juegan con sus hijas. Los jeroglíficos que rodean a la pareja real explican la escena. Los nombres de la realeza se escribían dentro de figuras ovales llamadas "cartuchos".

A	Buitre / Brazo	**I**	Caña	**Q**	Ladera	**Y**	Doble caña	
B	Pie	**J**	Serpiente	**R**	Boca	**Z**	No hay "Z"	
C	No hay "C"	**K**	Cesta	**S**	Cerrojo / Doblez de ropa	**CH**	Cuerdas	
D	Mano	**L**	León	**T**	Hogaza	**KH**	Placenta	
E	Caña	**M**	Búho	**U**	Codorniz	**SH**	Lago	
F	Cobra con cuernos	**N**	Agua	**V**	Cobra con cuernos			
G	Pedestal para olla	**O**	Lazo	**W**	Codorniz / Rollo de cuerda			
H	Choza de caña / Fibra de lino torcida	**P**	Taburete	**X**	No hay "X"			

El "alfabeto" de los jeroglíficos
La escritura de jeroglíficos no es un simple alfabeto, pero algunos de los signos se pueden convertir a nuestras letras. ¿Por qué no tratas de escribir tu nombre con jeroglíficos?

LA ESCRITURA HIERÁTICA

La hierática es una versión de los jeroglíficos más corta y rápida que requiere menos trazos de pluma, su lectura es siempre de derecha a izquierda. Mientras que la escritura en templos, tumbas e inscripciones oficiales se realizaba con los jeroglíficos tradicionales, los documentos menos formales se escribían en hierática (como se muestra abajo).

Escriba en acción
Esta estatua representa a un escriba del Imperio Antiguo sentado con las piernas cruzadas y "papel" de papiro extendido a lo largo de su regazo. El escriba utiliza pinceles delgados y tinta.

Artesanías y artefactos

Los artesanos egipcios eran respetados en todo el mundo antiguo. Los joyeros trabajaban con oro, plata y una amplia variedad de piedras semipreciosas muy coloridas para elaborar collares, brazaletes, anillos y pendientes, tanto para hombres como para mujeres. Los collares de cuentas eran las joyas más comunes y probablemente las más baratas; se realizaban en cerámica fayenza y por lo general se les pintaba un ojo que representaba al ojo de Horus y protegía al que lo utilizaba. Los artesanos de pedrería empleaban una gran variedad de piedras suaves y duras para crear estatuas hermosas y vasijas con delgadas paredes de piedra. Los carpinteros egipcios sufrían de una escasez de madera, pues había pocos árboles altos. Tenían que importar maderas de buena calidad de Líbano y arreglárselas para fabricar barcos, ataúdes y muebles con incrustaciones de marfil y ébano.

Medallas antiguas
En la época antigua, las moscas de oro equivalían a las medallas al mérito, y se entregaban a los soldados en reconocimiento a su valentía.

Hipopótamo de fayenza
La fayenza es un material de cerámica artificial que se elabora con cuarzo o arena y se cubre con un distintivo barniz de color azul o verde; se utilizó para fabricar cuentas, recipientes, vajillas y adornos.

MODELO DE ARTESANOS

La información que tenemos sobre las técnicas de artesanía de Egipto proviene de las escenas de la vida diaria que se encuentran en las paredes de las tumbas, así como de las maquetas de madera para tumbas que se elaboraron en el Imperio Medio. El estudio de los objetos que sobrevivieron también ayuda a los expertos a determinar la forma en que algo se elaboraba.

Taller de carpintería
Esta maqueta hallada en la tumba de Meket-Ra, del Imperio Medio, muestra un taller de carpintería. En el centro del taller un carpintero utiliza una sierra de metal para dividir un tablón de madera.

Platón de fayenza
Este platón de cerámica fina que perteneció al Imperio Nuevo está decorado con un estanque al centro y plantas de loto florecientes.

Vasija con forma de flor
En la tumba de Tutankamon se encontró una vasija de alabastro con forma de flor de loto semiabierta.

Joyería egipcia

Egipto obtenía oro de las minas del desierto y de Nubia (Sudán). Decorada con coloridas piedras semipreciosas, como lapislázuli, amatista, cornalina y turquesa, la joyería egipcia lucía deslumbrante en contraste con la vestimenta blanca. La plata era más escasa que el oro, por lo cual era mucho más cara. Los egipcios más pobres utilizaban joyería de fayenza y piedras baratas.

Escultura de cuarcita
En Amarna, en el taller de Tuthmosis, un escultor del Imperio Nuevo, se encontró la cabeza de cuarcita de una princesa.

Halcón precioso *Este pectoral o pendiente de oro en forma de halcón con incrustaciones se encontró en la tumba de Tutankamon. El halcón sostiene el Anj (símbolo de la vida) y lleva el Shen (símbolo de plenitud) en cada una de sus garras.*

Brazaletes de oro
Es probable que este par de brazaletes de oro del Tercer Periodo Intermedio se encontrara en la ciudad del delta de Sais.

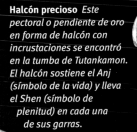

La expansión del imperio:
El ejército egipcio

Aunque el rey contaba con una reducida guardia real, el Imperio Antiguo egipcio no tenía un ejército permanente. En caso de requerir tropas, se convocaba a los hombres de las aldeas, quienes carecían de entrenamiento militar. Durante el Imperio Medio, el ejército se convirtió en una fuerza profesional de combate; los soldados no usaban armadura pero llevaban escudos de piel y peleaban a pie, armados con hachas de batalla, lanzas y puñales; los arcos y las flechas ofrecían una cobertura de largo alcance. El ejército se expandió durante el Imperio Nuevo para poder establecer y mantener un imperio extenso.

Esplendor del imperio
Egipto se expandió durante el Imperio Nuevo, su extensión se muestra en la parte superior en color marrón; la región en que Egipto tenía un control directo se muestra en color verde.

Un ejército modelo
Estos soldados de madera pintada se encontraron en la tumba de Asyut de Mesehti, perteneciente al Imperio Medio. Los soldados cargan escudos y lanzas, pero no utilizan armadura.

Caballos *Durante las batallas, los caballos podían llevar mantas con textura, pero no utilizaban armaduras.*

EL ARSENAL EGIPCIO

Los primeros cazadores y guerreros egipcios utilizaron arcos "sencillos" o "de una sola pieza" para lanzar flechas de pedernal o de metal. La introducción de "arcos compuestos" al inicio del Imperio Nuevo otorgó a los soldados un mayor alcance y precisión.

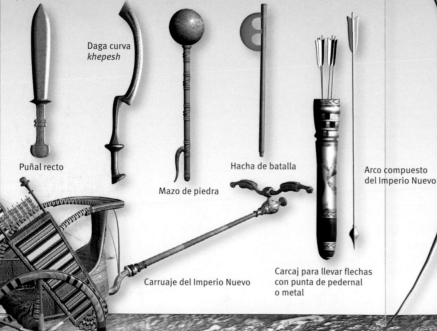

Puñal recto

Daga curva *khepesh*

Mazo de piedra

Hacha de batalla

Arco compuesto del Imperio Nuevo

Carruaje del Imperio Nuevo

Carcaj para llevar flechas con punta de pedernal o metal

La batalla de Kadesh

El ejército egipcio partió para combatir al ejército hitita y una noche capturaron a dos extranjeros, quienes informaron al rey Ramsés que los hititas se encontraban a varios kilómetros de distancia; pero los extranjeros eran espías, y los hititas esperaban en la ciudad de Kadesh para emboscar al ejército egipcio.

Al día siguiente, capturaron a otros dos extranjeros. Ramsés se dio cuenta de que eran espías y los hititas se encontraban a poca distancia. Muy pronto los egipcios se vieron rodeados y los soldados huyeron, abandonando al rey y a su escudero. Ramsés rezó al dios Amón para obtener fortaleza, atacó de una manera despiadada y al anochecer todos los hititas o estaban muertos o habían huido.

¡A la carga!
Por lo general se representaba a los reyes solos en los carruajes, con las riendas atadas a la cintura. En realidad, deben de haber tenido conductores, como lo muestra la ilustración.

Traslado a la batalla
Los soldados de elite se dirigían a la batalla en carruajes ligeros tirados por caballos y conducidos por un auriga. Utilizaban escudos pequeños, lanzas y arcos.

Armadura real
Probablemente el rey usaba una armadura hecha de placas de piel, y calzaba sandalias.

Auriga *Un conductor controlaba el carruaje mientras el rey utilizaba sus armas.*

Mapa de localización

Este mapa de Egipto muestra con precisión dónde se localiza el sitio referido. Busca el punto rojo grande en cada mapa.

Mar Mediterráneo

Alejandría

BAJO EGIPTO

El Cairo

Río Nilo

Mar Rojo

Valle de los Reyes

Luxor (Tebas)

Dakhla

Kharga

ALTO EGIPTO

Asuán

EL VALLE DE LOS REYES: LOS DATOS

CUÁNDO SE CONSTRUYÓ: Imperio Nuevo, Dinastías XVIII-XX, 1550-1070 a.C.

DÓNDE SE CONSTRUYÓ: Al oeste de Tebas

QUIÉN LO CONSTRUYÓ: Los reyes tebanos del Imperio Nuevo

TAMAÑO: Existen dos grupos de tumbas reales, el primero en el valle principal, y el segundo en el valle occidental (una ramificación). En conjunto, las dos áreas principales miden menos de 2.6 km2

CUÁNDO SE DESCUBRIÓ: El sitio se conoce desde tiempos antiguos, pero muchas tumbas se descubrieron entre 1817 y 1922.

MOTIVO DE SU FAMA: Sepulcro de un gran número de reyes y reinas, incluyendo a Hatshepsut, Tuthmosis III, Tutankamon, Seti I y Ramsés II

Datos rápidos Estos datos breves y a la mano te proporcionan información esencial sobre cada uno de los sitios que se exploran.

Línea del tiempo

Esta línea del tiempo muestra cuándo se construyó y utilizó el sitio. La barra abarca del Imperio Antiguo al Periodo Tardío.

en*foque*

2649 A.C.

IMPERIO ANTIGUO

2150 A.C.

2040 A.C.

IMPERIO MEDIO

1640 A.C.

1550 A.C.

IMPERIO NUEVO

1070 A.C.

712 A.C.

PERIODO TARDÍO

332 A.C.

PIRÁMIDE ESCALONADA: LOS DATOS

CUÁNDO SE CONSTRUYÓ: Imperio Antiguo, Dinastía III, 2630-2611 a.C.

DÓNDE SE CONSTRUYÓ: Saqqara

QUIÉN LO CONSTRUYÓ: El arquitecto Imhotep para el rey Zóser

TAMAÑO: 62.5 metros de alto; longitud de la base: 109 x 121 metros

CUÁNDO SE DESCUBRIÓ: Siempre se supo de su ubicación. Las excavaciones de las estructuras adyacentes iniciaron en 1924, bajo el mando de Cecil Firth y Jean-Philippe Lauer

MOTIVO DE SU FAMA: Es la pirámide más antigua de Egipto; primer edificio de piedra en Egipto

La Pirámide Escalonada de
Saqqara

Imhotep, el arquitecto de la Tercera Dinastía, construyó una tumba para el rey Zóser en la necrópolis de Saqqara, al norte de Egipto. En un inicio, Imhotep le construyó a su rey una mastaba tumba de forma cuadrada, semejante a una caja, con una cámara sepulcral subterránea , pero los planos cambiaron. En primer lugar, Imhotep transformó la tumba de cuadrada a rectangular, y después a una pirámide de cuatro escalones. Por último, se convirtió en una pirámide de seis escalones.

EL COMPLEJO PIRAMIDAL

La Pirámide Escalonada está rodeada de una serie de edificios y atrios ceremoniales, protegidos por una enorme muralla de piedra caliza. Los arqueólogos no entienden por completo el significado de estos edificios.

Muralla protectora

Área sin excavar

Atrio

Columnata de la entrada

Edificios cuyo propósito se desconoce

Pirámide Escalonada

Altares

Robo de revestimientos
Las cubiertas de piedra caliza fueron robadas en tiempos antiguos, hoy en día ninguno de los revestimientos de las pirámides de Egipto se encuentra intacto.

Cubierta de piedra caliza
En un principio, la pirámide estaba cubierta con una valiosa piedra caliza, gracias a la cual brillaba bajo los fuertes rayos del sol de Egipto.

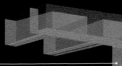

Laberinto subterráneo
Unos pasajes subterráneos rodeaban la cámara funeraria.

Destapada
Al retirar la cubierta de piedra caliza original de la pirámide, los bloques de la construcción que se encontraban debajo quedaron expuestos y eso permitió a los arqueólogos observar las etapas de construcción de la pirámide.

Pirámide Escalonada de Zóser

Los seis escalones de la pirámide saltan a la vista, pero oculta debajo de ellos se encuentra la cámara funeraria del rey Zóser, rodeada por un laberinto de corredores, algunos de los cuales están decorados con azulejos azulverdosos e imágenes del rey.

Pirámide de cuatro escalones
El diseño original de cuatro escalones de Imhotep quedó oculto dentro de la pirámide más grande de seis escalones.

Área sin explorar
Todavía no se realizan excavaciones en el área que se encuentra al norte de la pirámide; podrían existir muchas más cámaras y tumbas debajo de la grava y la arena.

Pozo subterráneo
Este pozo conduce a la cámara funeraria que se encuentra debajo de la pirámide.

Corredor con escaleras
Los constructores utilizaron este corredor para llegar al pozo de la cámara funeraria.

Pozos verticales
Existen once pozos verticales que conducen a pequeños pasadizos en donde puede haber sido enterrada la familia del rey.

Cámara funeraria *La momia de Zóser fue robada hace muchos años, pero los arqueólogos hallaron algunos huesos humanos en su cámara funeraria.*

2649 A.C.

IMPERIO ANTIGUO

2150 A.C.

2040 A.C.

IMPERIO MEDIO

1640 A.C.

1550 A.C.

IMPERIO NUEVO

1070 A.C.

712 A.C.

PERIODO TARDÍO

332 A.C.

LA GRAN PIRÁMIDE: LOS DATOS

CUÁNDO SE CONSTRUYÓ: *Imperio Antiguo, Dinastía IV, 2551-2528 a.C.*

DÓNDE SE CONSTRUYÓ: *Altiplanicie de Giza*

QUIÉN LA CONSTRUYÓ: *El rey Keops*

TAMAÑO: *146 metros de alto; cada lado mide 230 metros de largo*

CUÁNDO SE DESCUBRIÓ: *Se conoce desde tiempos antiguos*

MOTIVO DE SU FAMA: *Fue la construcción más grande del mundo durante más de 4,000 años.*

Cámara del rey
Es la única cámara funeraria terminada de la pirámide, hoy en día sólo existe un sarcófago vacío dentro de ella.

"Ductos de ventilación"
Existen dos angostos "ductos de ventilación" que van de las cámaras del rey y la reina hasta el exterior y se alinean con la estrella Beta de la Osa Menor y con Sirio. No se cree que se trate de ductos de aire, es probable que su propósito sea ritual.

La Gran Pirámide de
Giza

De las Siete Maravillas del Mundo Antiguo, la Gran Pirámide de Giza es la única que aún existe. Una maravilla de la ingeniería de precisión, la pirámide se construyó como tumba para el rey Keops de la IV Dinastía. A pesar de que el sarcófago del rey todavía se encuentra en la cámara funeraria central, la pirámide fue saqueada en la Antigüedad y nunca se encontró la momia del rey.

La cámara de la reina
Los primeros visitantes árabes llamaron a este salón inconcluso, cuyo propósito ritual se desconoce, la cámara de la reina.

Tamaño increíble
Estos egipcios se muestran a la escala humana correspondiente a la Gran Pirámide de Giza.

Cámara subterránea
Se desconoce el objetivo de esta cámara subterránea sin terminar.

Millones de bloques de construcción

Se calcula que cerca de 2.3 millones de bloques forman la pirámide, aunque podría ser una suma exagerada ya que tal vez las partes sólidas de la pirámide estén rellenas de cascajo. La piedra caliza provenía de una cantera cercana a la pirámide.

GUARDIANES DE LAS PIRÁMIDES REALES

Las esfinges egipcias eran bestias mitológicas con cuerpos de león y cabezas humanas, de carnero o de halcón. Los egipcios creían que la esfinge de Giza era la representación del dios del sol.

El rey Amasis en forma de esfinge

La Gran Esfinge

Construida por el rey Kefrén, la esfinge de Giza tiene el cuerpo de león y la cabeza del rey. Lleva un tocado de rey y alguna vez tuvo una larga barba.

Revestimiento En un inicio, la Gran Pirámide contaba con una cubierta de bloques de piedra caliza fina; sin embargo, este revestimiento se retiró hace muchos años para utilizarlo en la construcción de la ciudad del Cairo en la época medieval.

Casi perfecta Los cuatro lados de la pirámide apuntan de forma exacta hacia el norte, sur, este y oeste. La base de la pirámide es un cuadrado casi perfecto.

Kefrén Kefrén era hijo de Keops. Su pirámide es más pequeña que la Gran Pirámide, pero parece más grande porque se encuentra en un terreno elevado.

Keops La Gran Pirámide de Keops se encuentra rodeada de mastabas construidas por la clase adinerada y tres pirámides para las reinas. En un principio existió un templo funerario adyacente a la pirámide, pero desapareció.

Micerinos Nieto de Keops, Micerinos construyó una pirámide grande, además de tres pirámides pequeñas para las mujeres más importantes de la familia real.

La gran galería Corredor inclinado recubierto con piedra caliza pulida que conduce a la cámara del rey.

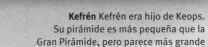

2649 A.C.

IMPERIO ANTIGUO

2150 A.C.

2040 A.C.

IMPERIO MEDIO

1640 A.C.

1550 A.C.

IMPERIO NUEVO

1070 A.C.

712 A.C.

PERIODO TARDÍO

332 A.C.

Escaleras

Entrada
La tumba contaba con una puerta de madera, sellada por los sacerdotes que controlaban el cementerio real.

El Valle de los
Reyes

Primer corredor
Sus paredes están decoradas con textos religiosos y escenas del rey junto al dios sol, Ra-Horakhty.

Los reyes de los Imperios Antiguo y Medio emplearon varios miles de trabajadores para construir pirámides en el norte de Egipto. Por desgracia, dichas pirámides sufrieron saqueos poco después de los funerales. Durante el Imperio Nuevo, se enterraba a los reyes en el sur de Egipto, en donde se inició una nueva tradición. Las tumbas reales se dividían en dos partes separadas por completo: los templos funerarios para la familia real, en los cuales se rendía culto al rey muerto, se construyeron cerca del Nilo, donde todo el mundo los podía ver. Sin embargo, las momias de la familia real se enterraban con una gran cantidad de artículos sepulcrales de alto valor, en tumbas secretas talladas en la piedra, ocultas en el Valle de los Reyes. Por desgracia, tampoco estas tumbas estuvieron a salvo de los saqueadores.

VALLE DE LOS REYES: LOS DATOS

CUÁNDO SE CONSTRUYÓ: Imperio Nuevo, Dinastías XVIII-XX, 1550-1070 a.C.

DÓNDE SE CONSTRUYÓ: Al oeste de Tebas

QUIÉN LO CONSTRUYÓ: LOS REYES TEBANOS DEL IMPERIO NUEVO

TAMAÑO: Existen dos grupos de tumbas reales, el primero en el valle principal, y el segundo en el valle occidental (una ramificación). En conjunto, las dos áreas principales miden menos de 2.6 km2

CUÁNDO SE DESCUBRIÓ: Se conoce desde tiempos antiguos, pero muchas tumbas se descubrieron entre 1817 y 1922.

MOTIVO DE SU FAMA: Sepulcro de los faraones más famosos, incluyendo a Hatshepsut, Tuthmosis III, Tutankamon, Seti I y Ramsés II

Mapa

Mar Mediterráneo

Alejandría•

BAJO EGIPTO   •El Cairo

Río Nilo

Mar Rojo

Valle de los Reyes •   • Luxor (Tebas)
Dakhla•   • Kharga
ALTO EGIPTO   • Asuán

Tumba de Seti I, labrada en la piedra

En 1817, Giovanni Battista Belzoni descubrió la tumba del rey Seti I de la Dinastía XIX. Es la tumba real más grande y profunda, además de ser una de las más bellamente decoradas.

Segundo corredor
Este segundo corredor escalonado también está decorado con textos religiosos.

Tercer corredor
Escenas del Libro de los Muertos ilustran estas paredes.

El valle real
El Valle de los Reyes es el remoto valle de un río seco, y se encuentra en la ribera occidental del Nilo, en Tebas, en el sur de Egipto. Se esperaba que al encontrarse en un lugar alejado, los sepulcros reales estuvieran protegidos de los profanadores de tumbas que habían vaciado las pirámides reales.

Pozo *El pozo se diseñó para proteger a la tumba de inundaciones ¡y de los saqueadores!*

Profanadores de tumbas
En la Antigüedad, la tumba de Seti I fue saqueada,
pero los ladrones no se llevaron el hermoso
sarcófago de calcita.

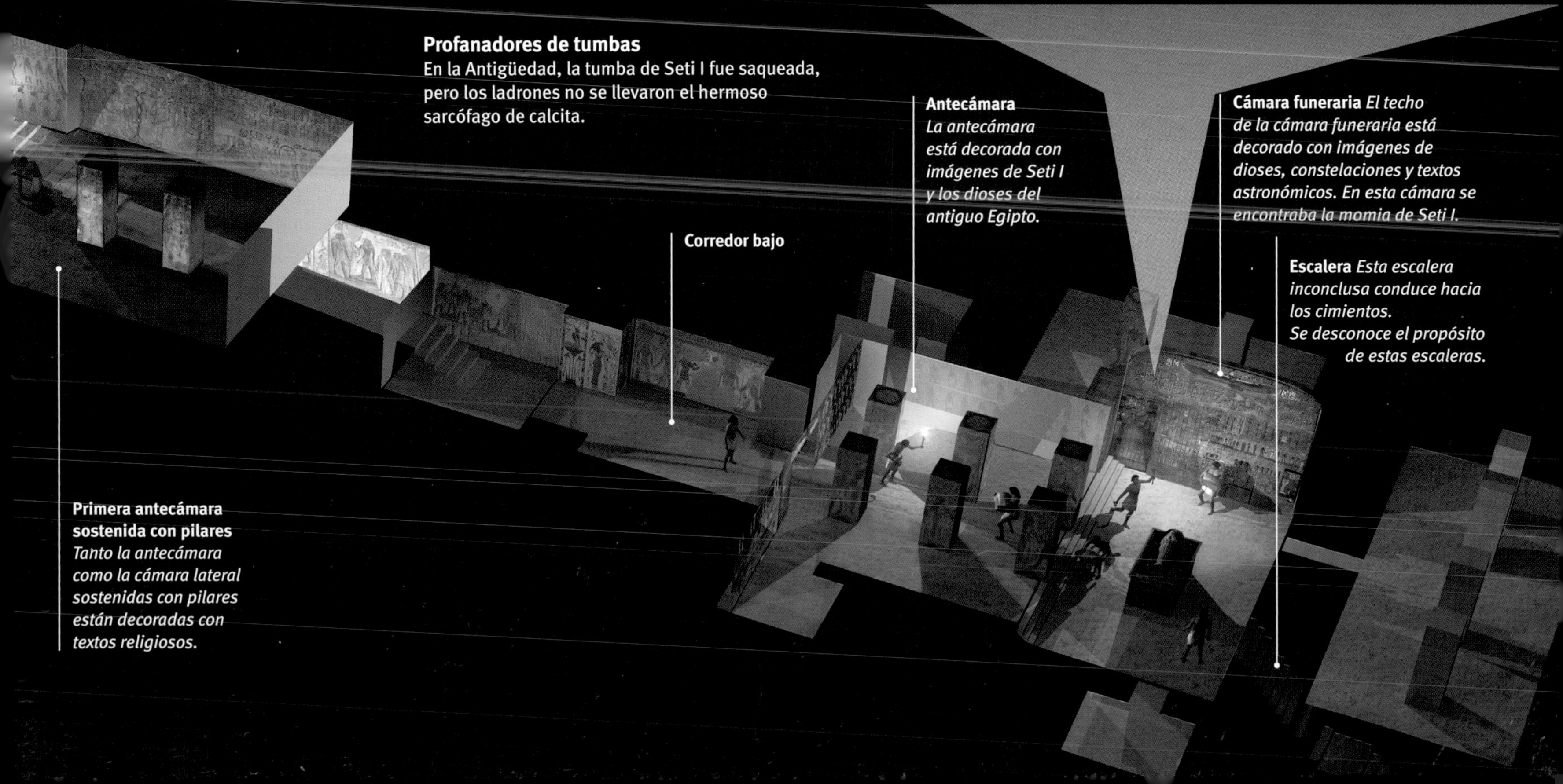

Antecámara
*La antecámara
está decorada con
imágenes de Seti I
y los dioses del
antiguo Egipto.*

Corredor bajo

Cámara funeraria *El techo
de la cámara funeraria está
decorado con imágenes de
dioses, constelaciones y textos
astronómicos. En esta cámara se
encontraba la momia de Seti I.*

Escalera *Esta escalera
inconclusa conduce hacia
los cimientos.
Se desconoce el propósito
de estas escaleras.*

**Primera antecámara
sostenida con pilares**
*Tanto la antecámara
como la cámara lateral
sostenidas con pilares
están decoradas con
textos religiosos.*

Mar Mediterráneo
Alejandría
BAJO EGIPTO
El Cairo
Río Nilo
Mar Rojo
Valle de los Reyes
Dakhla
Kharga
Luxor (Tebas)
ALTO EGIPTO
Asuán

2649 A.C.

IMPERIO ANTIGUO

2150 A.C.

2040 A.C.

IMPERIO MEDIO

1640 A.C.

1550 A.C.

IMPERIO NUEVO

1070 A.C.

712 A.C.

PERIODO TARDÍO

332 A.C.

LA TUMBA DE TUTANKAMON: LOS DATOS

CUÁNDO SE CONSTRUYÓ: Imperio Nuevo, Dinastía XVIII, 1352-1346 a.C.

DÓNDE SE CONSTRUYÓ: En el Valle de los Reyes

QUIÉN LO CONSTRUYÓ: Un noble, pero la ocupó Tutankamon al morir de manera repentina

TAMAÑO: Cuatro cámaras que en total miden 84 m2

CUÁNDO SE DESCUBRIÓ: Howard Carter y Lord Carnarvon la descubrieron en 1922

MOTIVO DE SU FAMA: Es la tumba de faraón menos alterada que se ha descubierto en la época moderna

La Tumba de
Tutankamon

Hoy en día, Tutankamon es el faraón mejor conocido de Egipto, pero fue un gobernante que murió joven. Tutankamon subió al trono a la edad de 8 años y murió a los 18 o 19 años, tal vez en un accidente de carrozas. La fama de Tutankamon radica en el descubrimiento de su tumba en 1922, repleta de un tesoro suntuoso que lo ayudaría en la vida después de la muerte; fue la única tumba real que no sufrió pillajes importantes en la Antigüedad. Sin embargo, antes de ser descubierta por Howard Carter, esta tumba había sufrido robos por lo menos en dos ocasiones.

Gran determinación
Con el patrocinio de Lord Carnarvon, el arqueólogo inglés Howard Carter buscó durante 5 años la tumba de Tutankamon, y le llevó 10 años trasladar su tesoro. En esta foto aparece limpiando con esmero el tercer ataúd del faraón.

Un entierro precipitado
Los científicos han examinado la momia de Tutankamon, pero no han podido descubrir la razón de su muerte a tan corta edad. Como Tutankamon murió de manera repentina, su tumba no estaba lista, y fue enterrado en una pequeña tumba que mandó construir un noble.

Hermosas sandalias
Como parte del tesoro de la tumba se encontraron 47 pares de sandalias de correa. Las suelas de hoja de oro de algunos pares tenían imágenes de los enemigos del faraón.

Antecámara *En la antecámara se amontonaba todo tipo de tesoros, entre los que dominaban tres camas doradas con tallas de cabezas de animales.*

Tumba sin terminar *La cámara funeraria era la única sala terminada de la tumba. Las demás tenían muros ásperos sin pintar.*

Anexo *Al igual que la antecámara, el anexo se encontraba lleno de objetos, incluyendo camas bajas, sillas y juegos.*

Juego de ataúdes *A Carter le llevó todo un año retirar los altares para descubrir los tres bellos ataúdes que encajaban uno dentro de otro, en el interior de un sarcófago de piedra. El último ataúd era de oro sólido y albergaba a la momia de Tutankamon.*

Muros pintados *Las paredes de la cámara funeraria estaban decoradas con escenas de la vida y vida después de la muerte de Tutankamon.*

Escaleras y corredor *Howard Carter cruzó 16 escalones y un largo corredor para llegar a la primera sala de la tumba, llamada la antecámara. Paradas como centinelas junto a un muro se hallaban dos estatuas de tamaño natural de Tutankamon.*

El tesoro *La última cámara en descubrirse guardaba el tesoro de Tutankamon, que incluía los objetos más preciados, como el cofre canópico que guardaba sus órganos, una formación de botes a escala y muchas estatuas bañadas en oro.*

Cámara funeraria *La cámara funeraria contenía cuatro altares superpuestos, que estaban cubiertos de oro y tenían hechizos grabados.*

Objetos maravillosos

Cuando Howard Carter perforó un orificio en la puerta sellada de la antecámara de Tutankamon y se asomó a una habitación que no se había tocado en casi 3,300 años, le preguntaron si podía ver algo, a lo que contestó: "¡Sí, objetos maravillosos!" Los miles de tesoros del interior de la tumba incluían carruajes, muebles, ropa, joyería, juegos y alimentos.

2649 A.C.

2150 A.C.

2040 A.C.

1640 A.C.

1550 A.C.

1070 A.C.

712 A.C.

332 A.C.

IMPERIO ANTIGUO

IMPERIO MEDIO

IMPERIO NUEVO

PERIODO TARDÍO

El complejo de templos de
Karnak

Durante el Imperio Nuevo, la ciudad sureña de Tebas (Luxor actual), era la capital de Egipto. La colección más importante de edificios en Tebas era el complejo de templos de Karnak, un grupo de templos de piedra localizado al norte de la ciudad. Los templos estaban dedicados a diferentes dioses, incluyendo a Amón, dios del imperio, su esposa, Mut, y su hijo, el dios Khonsu.

KARNAK: LOS DATOS

CUÁNDO SE CONSTRUYÓ: A partir del Imperio Medio hasta el Periodo Romano. Gran parte de lo que puede observarse hoy se construyó de principios de la Dinastía XVIII a mediados de la Dinastía XIX (c.1550-1250 a.C.)

DÓNDE SE CONSTRUYÓ: En la zona norte de la antigua ciudad de Tebas (Luxor moderna).

QUIÉN LA CONSTRUYÓ: Lo comenzaron los reyes del Imperio Medio, pero gobernantes posteriores siguieron expandiéndolo.

TAMAÑO: 2 hectáreas; 1.6 x 0.8 kilómetros

CUÁNDO SE DESCUBRIÓ: Siempre se conoció su existencia. Los primeros visitantes de Egipto pensaron que era un palacio real.

MOTIVO DE SU FAMA: Es el templo más grande de los que aún existen en Egipto.

Segundo pilór

RUTA DE PROCESIÓN

Hileras de esfinges con cabeza de carnero resguardaban la ruta de procesión hacia el sur, desde el Templo de Amón en Karnak, hasta el Templo de Luxor. Cuando la estatua de Amón fue trasladada a Tebas, recorrió esta misma calzada.

Primer pilón *La primera puerta del templo tenía astas de banderas.*

Altar de barco *Este pedestal sostenía al barco sagrado del dios Amón. Lo construyó Seti II.*

Estación de la Barcaza
La Estación de la Barcaza era una capilla construida para albergar al barco sagrado de Amón.

Interior del complejo de templos

Los templos estaban unidos por caminos de procesión. Había un gran estanque sagrado, muchos pilones o puertas y varias piedras erguidas en posición vertical llamadas obeliscos. Gran parte de la piedra que se utilizó en la construcción de los edificios se trajo en barco a Tebas, desde las canteras de arenisca del sur de Egipto.

Mar Mediterráneo
Alejandría
El Cairo
BAJO EGIPTO
Río Nilo
Mar Rojo
Dakhla
Kharga
Karnak
Luxor (Tebas)
ALTO EGIPTO
Asuán

Tercer pilón

Obeliscos *Tuthmosis I y su nieto Tuthmosis III dedicaron estas altas piedras en posición vertical al dios Amón.*

Santuario del dios Amón

Templo para las festividades de Tuthmosis III

Ubicación original del templo del Imperio Medio

Sexto pilón

Quinto pilón

Cuarto pilón

Lago sagrado

Octavo pilón *Hatshepsut mandó construir la octava puerta.*

Vestíbulo hipóstilo
Ramsés I inició la construcción de este vestíbulo con columnas. Lo decoraron Seti I y Ramsés II durante los primeros años de la Dinastía XIX.

Séptimo pilón
La séptima puerta se construyó bajo las órdenes de Tuthmosis III.

Columnas colosales del vestíbulo hipóstilo
El vestíbulo hipóstilo contiene 134 columnas colocadas en 16 hileras. Doce columnas gigantes forman la parte central, seis de un lado y las otras seis colocadas de frente a las primeras. Cada columna central mide 24 metros de altura. En la parte externa, de cada lado hay 61 columnas de 12 metros de alto.

OFRENDAS DIARIAS

Los sacerdotes creían que el dios del sol, Amón, habitaba en el santuario del templo. En esta representación su estatua recibe ofrendas diarias de incienso, alimentos y bebidas. El público nunca veía la estatua del dios.

La aldea de los constructores de tumbas de

Deir el-Medina

La aldea de Deir el-Medina, del Imperio Nuevo, se construyó para albergar a los egipcios que trabajaban en las tumbas reales del Valle de los Reyes, así como en el cercano Valle de las Reinas. Los trabajadores vivían en la aldea con sus familias y sirvientes, pero cada semana dejaban sus casas para dirigirse a los valles donde permanecían en campamentos temporales, para regresar a la aldea el fin de semana. Deir el-Medina se construyó con piedras y ladrillos de barro, rodeada de una gruesa muralla que impedía que los extraños entraran. Los aldeanos, todos obreros capacitados, construyeron sus propias tumbas impresionantes fuera de la muralla de la aldea.

DEIR EL-MEDINA: LOS DATOS

CUÁNDO SE CONSTRUYÓ: Imperio Nuevo, Dinastías XVIII-XX, 1550-1070 a.C.

DÓNDE SE CONSTRUYÓ: En Deir el-Medina, cerca del Valle de los Reyes, al occidente de Tebas.

QUIÉN LO CONSTRUYÓ: Los faraones del Imperio Nuevo, para los trabajadores que construían las tumbas reales.

TAMAÑO: Se construyó en forma de aldea amurallada, dentro de la cual existían 70 casas; fuera de los muros existían tumbas o capillas funerarias.

CUÁNDO SE DESCUBRIÓ: Bernard Bruyere excavó este lugar en la década de 1920.

MOTIVO DE SU FAMA: Aldea para constructores de tumbas del Imperio Nuevo que se encontró en buen estado.

Mar Mediterráneo
Alejandría •
BAJO EGIPTO • El Cairo
Río Nilo
Mar Rojo
Deir el-Medina ● Luxor (Tebas)
Dakhla • • Kharga
ALTO EGIPTO • Asuán

Una casa de Deir el-Medina

El gobierno era el dueño de las casas, grandes y oscuras, construidas en terrazas, con una temperatura fresca y agradable durante los meses del cálido verano egipcio. Muchos aldeanos usaban el techo plano como una habitación extra.

La luz entraba por una pequeña ventana en la parte superior de la pared.

Altar para venerar a los ancestros y dioses locales

Recibidor

Entrada de la casa

Callejón estrecho entre las casas

2649 A.C.

IMPERIO ANTIGUO

2150 A.C.

2040 A.C.

IMPERIO MEDIO

1640 A.C.

1550 A.C.

IMPERIO NUEVO

1070 A.C.

712 A.C.

PERÍODO TARDÍO

332 A.C.

Claves para comprender la vida cotidiana

Deir el-Medina ha proporcionado a los arqueólogos una gran cantidad de información sobre la vida de los egipcios que no pertenecían a la familia real. Por ejemplo, estas herramientas de madera se encontraron en la tumba de Kha, capataz real de trabajos arquitectónicos durante la Dinastía XVIII.

Vista aérea de la aldea

La gran mayoría de las aldeas egipcias colindaban con la fértil Tierra Negra cercana al Nilo. Como Deir el-Medina se construyó en el desierto, cada gota de agua que se utilizaba en la aldea debía ser acarreada a lomo de burro.

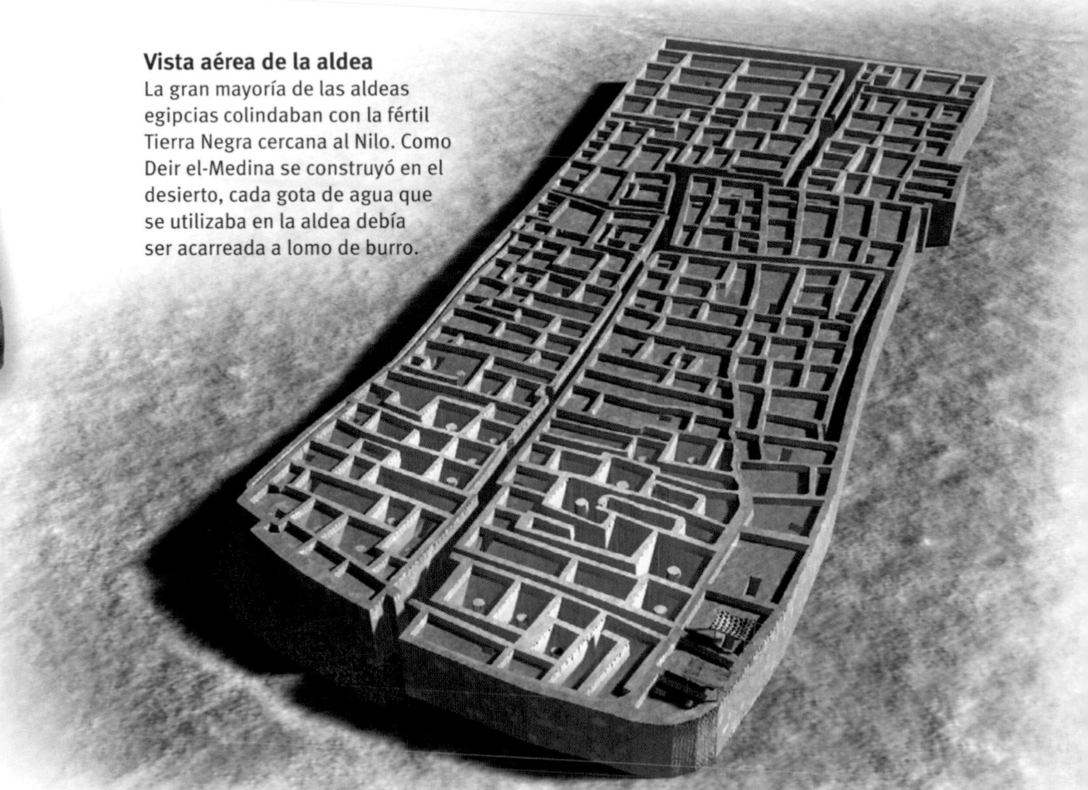

Arriba del techo plano se podían construir habitaciones extra.

Sala familiar

Dormitorio

Horno para pan

Cocina

Almacén

Almacén

2649 A.C.

IMPERIO ANTIGUO

2150 A.C.

2040 A.C.

IMPERIO MEDIO

1640 A.C.

1550 A.C.

IMPERIO NUEVO

1070 A.C.

712 A.C.

PERIODO TARDÍO

332 A.C.

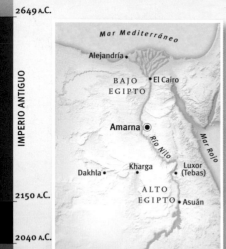

Mar Mediterráneo

Alejandría •

BAJO EGIPTO • El Cairo

Amarna ◉

Río Nilo

Mar Rojo

Dakhla • Kharga • Luxor (Tebas)

ALTO EGIPTO • Asuán

AMARNA: LOS DATOS

CUÁNDO SE CONSTRUYÓ: Imperio Nuevo, Dinastía XVIII, 1348-1334 a.C.

DÓNDE SE CONSTRUYÓ: En Amarna, a 312 km al sur del Cairo

QUIÉN LO CONSTRUYÓ: El rey Akenaton

TAMAÑO: Es un sitio grande; incluía la ciudad, la aldea para trabajadores y las tumbas reales. La ciudad principal mide 10 km de largo por 1.6 km de ancho

CUÁNDO SE DESCUBRIÓ: Se le conoce desde la Antigüedad. Flinders Petrie realizó la primera excavación durante en la década de 1890, pero el estudio específico del lugar inició desde 1824

MOTIVO DE SU FAMA: Esta ciudad fue la capital de Egipto durante un periodo corto de tiempo, pudo escapar de la destrucción porque fue abandonada, probablemente durante el segundo año del reinado de Tutankamon.

Aton

El dios de Akenaton no se parecía a los demás dioses egipcios: se trataba de una representación del sol, con rayos largos y delgados con pequeñas manos que sostenían un anj, el símbolo de la vida.

La ciudad del rey hereje,

Amarna

En 1353 a.C., Amenhotep IV se convirtió en rey de Egipto. El nuevo rey no adoraba a los dioses tradicionales: él dedicó su vida a un solo dios, el dios sol que se conoció como Aton. El rey Amenhotep cambió su nombre a Akenaton, cuyo significado es "espíritu viviente de Aton", abandonó la vieja capital de Tebas e inició la construcción de una nueva capital, a la que llamó Aketaton, "horizonte de Aton". Hoy en día se conoce a esta ciudad como Amarna. Se construyó sólo en siete años, a base de ladrillos de barro y piedra. Akenaton esperaba que esta ciudad perdurara por siempre, pero después de su muerte en 1335 a.C., la gente abandonó Amarna.

La ciudad del sol de Akenaton

La nueva ciudad incluía varios palacios reales, dos templos dedicados a Aton y los suburbios al norte y sur de la ciudad, donde vivían los cortesanos de Akenaton en espaciosas villas. Existía una pequeña aldea para trabajadores fuera de la ciudad principal, que hospedaba a los constructores de las tumbas reales. El rey y la reina se paraban en la "Ventana de las Apariciones", sobre el puente que cruza el Camino Real, para saludar a su pueblo.

Almacenes del palacio

Almacenes de Ka, una fuerza vital que aparece al nacer y se libera al morir

Camino Real *Esta ruta de procesión abarcaba todo el largo de la ciudad.*

El gran templo de Aton
Era un templo al aire libre que permitía a los sacerdotes observar el sol.

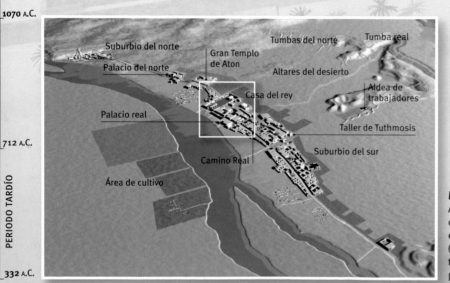

Suburbio del norte

Palacio del norte

Tumbas del norte

Tumba real

Gran Templo de Aton

Altares del desierto

Casa del rey

Aldea de trabajadores

Palacio real

Taller de Tuthmosis

Suburbio del sur

Camino Real

Área de cultivo

Mapa de Amarna
Amarna se localiza en la ribera oriente del Nilo, a medio camino entre las antiguas capitales: Tebas (al sur) y Menfis (al norte). Las tumbas de piedra se tallaron en peñascos al oriente de la ciudad.

Jardines del palacio

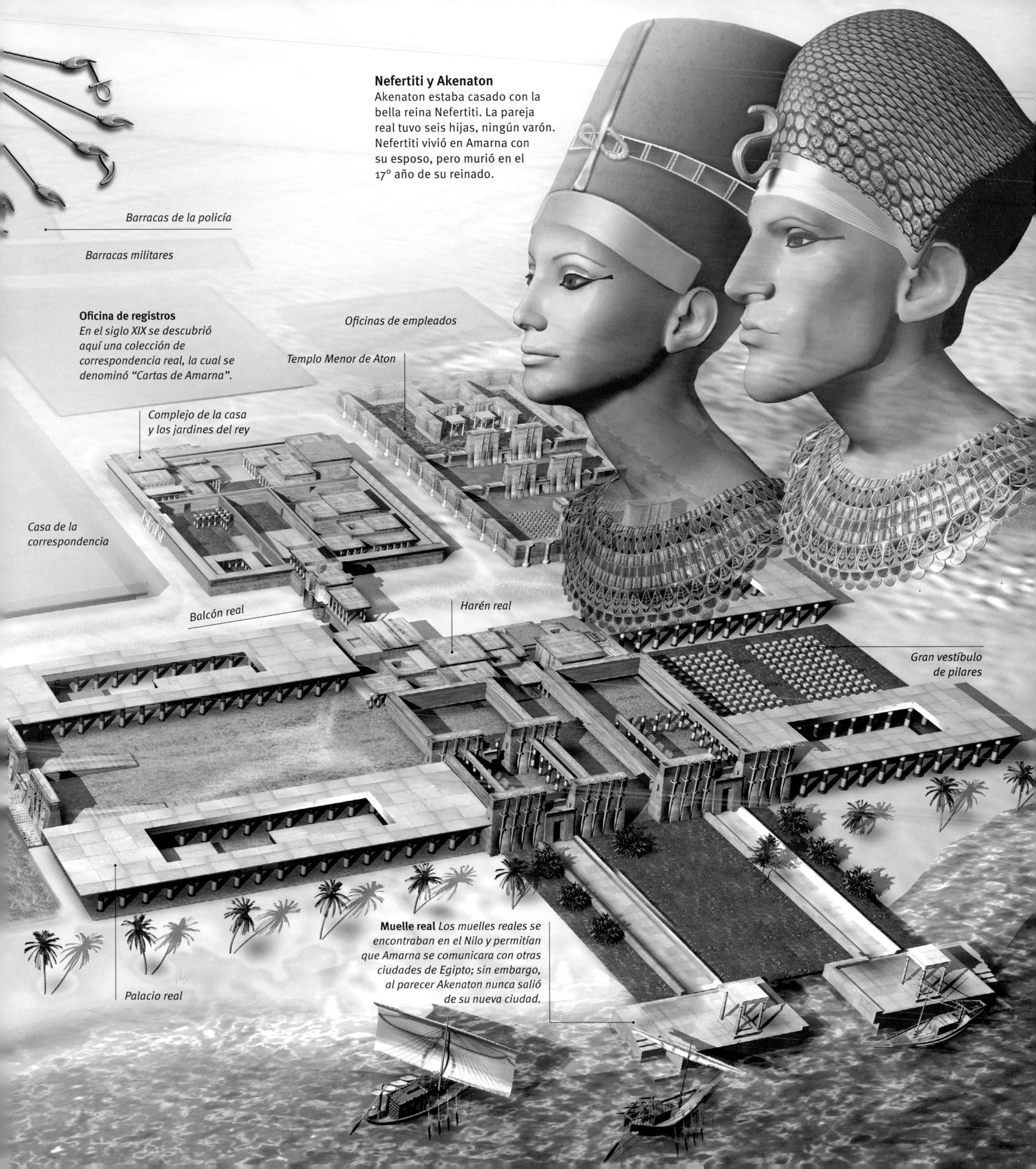

Nefertiti y Akenaton

Akenaton estaba casado con la bella reina Nefertiti. La pareja real tuvo seis hijas, ningún varón. Nefertiti vivió en Amarna con su esposo, pero murió en el 17° año de su reinado.

Barracas de la policía

Barracas militares

Oficina de registros
En el siglo XIX se descubrió aquí una colección de correspondencia real, la cual se denominó "Cartas de Amarna".

Oficinas de empleados

Templo Menor de Aton

Complejo de la casa y los jardines del rey

Casa de la correspondencia

Balcón real

Harén real

Gran vestíbulo de pilares

Muelle real *Los muelles reales se encontraban en el Nilo y permitían que Amarna se comunicara con otras ciudades de Egipto; sin embargo, al parecer Akenaton nunca salió de su nueva ciudad.*

Palacio real

2649 A.C.

IMPERIO ANTIGUO

2150 A.C.

2040 A.C.

IMPERIO MEDIO

1640 A.C.

1550 A.C.

IMPERIO NUEVO

1070 A.C.

712 A.C.

PERIODO TARDÍO

332 A.C.

La fortaleza de Zawiyet umm
El-Rakham

Ramsés II, también conocido como "Ramsés el Grande", fundó la gran ciudad fortaleza de Zawiyet umm el-Rakham para defender a Egipto de las tribus libias que invadían el fértil delta del Nilo desde el desierto occidental. La fortaleza se encontraba rodeada por una gran muralla de ladrillos de barro y tenía una puerta doble fuertemente defendida. Dentro de la fortaleza existía un cuartel, una cervecería, una panadería, una serie de pozos y un templo. La casa del gobernador era un centro administrativo que también albergaba las habitaciones privadas de Neb-Ra, el comandante de las tropas egipcias.

Zawiyet umm el-Rakham — *Mar Mediterráneo* — Alejandría — BAJO EGIPTO — El Cairo — Río Nilo — Dakhla — Kharga — Luxor (Tebas) — ALTO EGIPTO — Asuán

ZAWIYET UMM EL-RAKHAM: LOS DATOS

CUÁNDO SE CONSTRUYÓ: Imperio Nuevo, Dinastía XIX, alrededor de 1280 a.C.

DÓNDE SE CONSTRUYÓ: En la costa mediterránea de Egipto, a 280 km al oeste de Alejandría

QUIÉN LO CONSTRUYÓ: El rey Ramsés II "El Grande"

TAMAÑO: Más de 2 hectáreas

CUÁNDO SE DESCUBRIÓ: En 1948; las excavaciones iniciaron en 1994, a cargo de Steven Snape, de la Universidad de Liverpool

MOTIVO DE SU FAMA: La ciudad fortaleza egipcia más grande que perdura

Armas de guerra
Neb-Ra utilizaba un arco compuesto de madera, y flechas con punta de pedernal.

Listos para la pelea
El auriga del carruaje de Neb-Ra llevaba un escudo para proteger a su amo.

Mantas protectoras
Los caballos de Neb-Ra no utilizaban corazas, en su lugar usaban mantas protectoras.

Templo
En el templo de la fortaleza
se rendía culto al dios Ptah
y a la diosa Sekhmet.

Extensión de la fortaleza Es probable
que los caballos durmieran
y se ejercitaran en esta
extensión de la fortaleza.

Residencia del gobernador
Neb-Ra tenía un baño
y un retrete privados.

Cocina En este lugar
se descubrieron
evidencias de
producción de
cerveza y panadería.

Barracas Los soldados
vivían en estas
barracas.

Muralla de la fortaleza
Se utilizaron millones
de ladrillos de barro
para construir el grueso
muro que rodeaba
a la fortaleza.

Puerta principal En cada
extremo de la puerta principal
se encontraban dos "pilones"
o torres muy fáciles de defender.

RECONSTRUCCIÓN DEL FUERTE

Debido a la erosión de las lluvias de
temporada, sólo una pequeña parte de
la fortaleza hecha de ladrillos de barro ha
perdurado sobre el nivel del suelo.
Pero mediante las excavaciones, los
arqueólogos lograron reconstruir el plano
(izquierda) de la fortaleza. Estiman que este
lugar albergó por lo menos a 500 soldados,
y es probable que algunos de ellos estuvieran
acompañados por sus familias.

Carruaje del Imperio Nuevo
*El carruaje es ligero y fácil de
manejar. Antes del Imperio
Nuevo, el ejército egipcio no
utilizaba carruajes.*

Acalorada persecución

Neb-Ra, comandante de las tropas de Zawiyet umm
el-Rakham, deja el fuerte y se dirige a perseguir a las tribus
de Libia. Con el tiempo, los libios forzaron a las tropas
egipcias a retirarse. Y la fortaleza quedó abandonada
durante el reinado de Merenptah, hijo de Ramsés II.

2649 A.C.

2150 A.C.

2040 A.C.

1640 A.C.

1550 A.C.

1070 A.C.

712 A.C.

332 A.C.

IMPERIO ANTIGUO

IMPERIO MEDIO

IMPERIO NUEVO

PERÍODO TARDÍO

El Gran Templo de
Abu Simbel

Ramsés II construyó dos templos tallados en la piedra en Abu Simbel. El templo más pequeño fue decorado con imágenes del rey y su consorte, Nefertari, y estaba dedicado a la diosa Hathor. Cuatro estatuas enormes del rey sentado decoraban el Gran Templo, dedicado a cuatro dioses: Amón, Ra, Ptah y el propio Ramsés. Abu Simbel era un lugar remoto, alejado de las ciudades principales. Es probable que Ramsés eligiera este lugar porque su ubicación geográfica le permitió colocar su templo en tal posición que sólo dos veces al año, el 20 de febrero y el 20 de octubre, el sol del alba iluminaba las estatuas de los cuatro dioses sentados dentro del oscuro santuario.

ABU SIMBEL: LOS DATOS

CUÁNDO SE CONSTRUYÓ: Durante el reinado de Ramsés II, Dinastía XIX, 1290-1224 a.C.

DÓNDE SE CONSTRUYÓ: En Nubia

QUIÉN LO CONSTRUYÓ: EL REY RAMSÉS II

TAMAÑO: Cada una de las estatuas mide 19.5 metros de altura. La fachada tiene 30 metros de alto y 35 metros de ancho.

CUÁNDO SE DESCUBRIÓ: Los habitantes de Egipto siempre conocieron su ubicación. En 1813, Johann Ludwig Burckhardt redescubrió el lugar enterrado en la arena.

MOTIVO DE SU FAMA: Son unas tumbas gemelas de roca que se reubicaron durante la década de 1960.

Interior del templo
El templo se talló 48 metros dentro de la arenisca de los peñascos de Abu Simbel. En el interior del templo existen vestíbulos con pilares y un santuario.

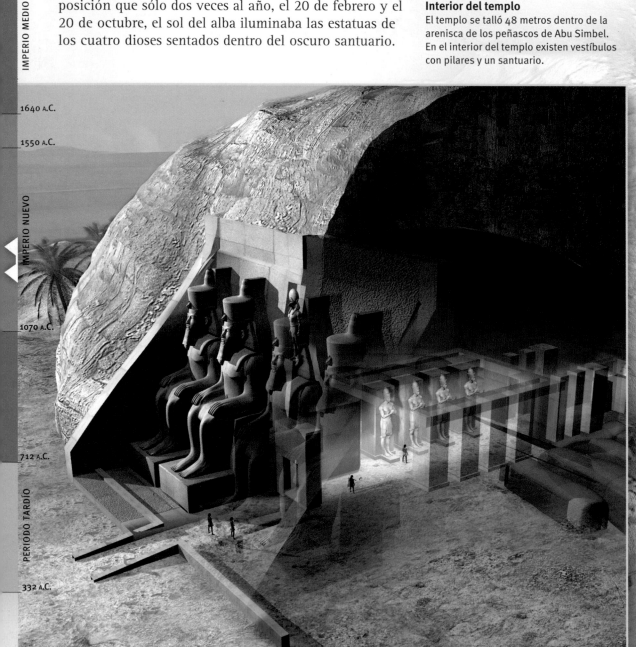

Traslado de los templos

En la década de 1960 se construyó la gran presa de Asuán para controlar el suministro de agua de Egipto. Como los templos de Abu Simbel se hallaban debajo de la nueva línea de flotación, se emprendió una misión internacional de rescate para elevar los templos y parte del peñasco 65 metros por encima del sitio original, y de esta manera protegerlos de las aguas del lago Nasser.

Rescatado del agua
El Templo Menor se encuentra seguro en su nueva ubicación dentro de un peñasco artificial.

Una operación costosa
La operación de rescate se llevó a cabo entre 1964 y 1968, y requirió más de 1,700 trabajadores, además de una gran cantidad de maquinaria. La reubicación del templo costó 36 millones de dólares estadounidenses.

Nuevo entorno
La parte interna del templo se colocó dentro de un domo de concreto, cubierto por una colina artificial.

Nivel final del agua

Un bloque a la vez
El templo se cortó en bloques gigantes, que se reforzaron, se transportaron a la parte superior del acantilado y se volvieron a armar.

El Gran Templo original
Las aguas del lago artificial amenazaban al Gran Templo en su posición original.

Rescate del templo
Como la construcción de la presa había comenzado y el nivel del agua se estaba elevando, los trabajadores construyeron un dique para proteger la vulnerable arenisca del contacto con el agua.

Al santuario
Ocho grandes estatuas, cuatro de cada lado, custodian el vestíbulo del templo. Representan a Ramsés II en la forma de Osiris. Este pasillo de entrada conduce al santuario.

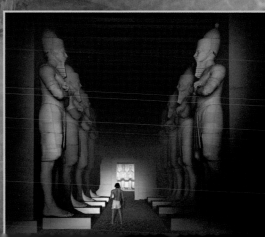

Nivel original del agua

Los Reyes del Antiguo Egipto

Periodo Prehistórico y Predinástico – antes de 3000 a.C.

En el Periodo Predinástico, Egipto contaba con varios reyes locales que gobernaban ciudades-estado independientes, pero no existía un rey que gobernara todo el territorio, hasta que Narmer se convirtió en el primer rey de Egipto.

Las dinastías egipcias

Durante más de 3,000 años, Egipto fue gobernado por reyes, incluyendo algunas reinas soberanas. Los historiadores dividen a estos reyes en dinastías –linaje de reyes que por lo regular, pero no siempre, eran familiares consanguíneos–. Las fechas de los primeros reyes de Egipto no se conocen con certeza. Se colocó un signo de interrogación en los nombres de los reyes cuyo registro no es concluyente.

Inicio del Periodo Dinástico 3000-2649 a.C. Dinastías I y II

Durante esta época, una sucesión confusa de reyes gobernó Egipto desde Menfis. Estos reyes están enterrados en Saqqara o bien en Abidos.

Imperio Antiguo 2649-2150 a.C. Dinastías III-VI

Dinastía III
¿Nebka I?
Zóser
¿Sekhemkhet?
Khaba
Sanekht
Huni

Dinastía IV
Snefru
Keops
Djedefra
Kefrén
¿Nebka II?
Micerinos
Shepseskaf

Dinastía V
Userkaf
Sahura
Neferirikera
Raneferef
¿Shepseskera?
Neuserra
Menkauhor
Dedkera-Isesi
Unis

Dinastía VI
Teti
Userkera
Pepi I
Merenra I
Pepi II

Primer Periodo Intermedio 2150-2040 a.C. Dinastías VII-XI

Egipto ya no era una nación unificada. Una sucesión confusa de reyes locales gobernó durante el primer periodo intermedio, hasta que los reyes de Tebas adquirieron la fuerza necesaria para reunificar a Egipto y devolver la estabilidad al imperio.

Imperio Medio 2040-1640 a.C. Dinastías XI-XIV

Finales de la Dinastía XI
Mentuhotep II Nebhapetra
Mentuhotep III
Mentuhotep IV

Dinastía XII
Amenemhat I
Sesostris I
Amenemhat II
Sesostris II
Sesostris III
Amenemhat III
Amenemhat IV
Senebkhefrura
(reina soberana)

Dinastías XIII y XIV
Sucesión confusa de reyes locales

Segundo Periodo Intermedio 1640-1550a.C. Dinastías XV-XVII	Imperio Nuevo 1550-1070 a.C. Dinastías XVIII-XX	Tercer Periodo Intermedio 1070-712 a.C. Dinastías XXI-XXIV	Periodo Tardío 712-332 a.C. Dinastías XXV-XXXI	Periodo Ptolomeico 332-30 a.C.
El reino se dividió en dos durante este periodo. El norte era gobernado por los reyes extranjeros "hicsos"; al sur lo gobernaban reyes locales desde Tebas. Con el tiempo, los reyes tebanos adquirieron fuerza suficiente para derrotar a los hicsos y reunificar Egipto.	**DINASTÍA XVIII** Ahmosis Amenhotep I Tuthmosis I Tuthmosis II Tuthmosis III y Hatshepsut (reina gobernante) Tuthmosis III Amenhotep III Akenaton (Amenhotep IV) Semenkhera Tutankamon Aye Horemheb **DINASTÍA XIX** Ramsés I Seti I Ramsés II ("El Grande") Merenptah Seti II Amenmose Siptah Tausret (reina gobernante) **DINASTÍA XX** Setnekht Ramsés III Ramsés IV Ramsés V Ramsés VI Ramsés VII Ramsés VIII Ramsés IX Ramsés X Ramsés XI	Una vez más, el Imperio Egipcio se encontraba dividido en dos. Los reyes egipcios gobernaban la región del norte, a partir del delta del Nilo. El sumo sacerdote del dios Amón controlaba la región sur de Egipto, desde Tebas. Esta situación dio paso a un periodo de gobierno extranjero.	**DINASTÍA XXV** **(GOBERNANTES NUBIOS)** Casta Piye Shabako Shabitko Taharqo Tanutamani **DINASTÍA XXVI** Nekao I Psamético I Nekao II Psamético II Apries Amasis Psamético III **DINASTÍA XXVII** **(GOBERNANTES PERSAS)** Cambises II Darío I Jerjes I Artajerjes I Jerjes II Darío II Artajerjes II **DINASTÍA XXVIII** Amyrtaios **DINASTÍA XXIX** Nefarud I Pasherenmut Hagar Nefarud II **DINASTÍA XXX** Nectanebo I Djedhor Nectanebo II **DINASTÍA XXXI** **(GOBERNANTES PERSAS)** Artajerjes III Arsés Darío III	**DINASTÍA MACEDÓNICA** **(332-302 A.C.)** Alejandro III ("Magno") Filipo III Arrhidaeus Alejandro IV **PERIODO PTOLOMEICO** Ptolomeo I Sóter I Ptolomeo II Filadelfos Ptolomeo III Evergetes I Ptolomeo IV Filopátor Ptolomeo V Epífanes Ptolomeo VI Filométor Ptolomeo VI Filométor y Ptolomeo VIII Evergetes II Ptolomeo VI Filométor Ptolomeo VIII Evergetes II Ptolomeo IX Sóter II Ptolomeo X Alejandro I Ptolomeo XI Alejandro II y Berenice III Ptolomeo XII Neos Dionisio Berenice IV y Cleopatra VI Ptolomeo XII Neos Dionisio Cleopatra VII y Ptolomeo XIII Cleopatra VII y Ptolomeo XIV Cleopatra VII y Ptolomeo XV Cesarión **Conquista romana 30 a.C.**

Glosario

a.C. Abreviatura de "antes de Cristo." Se utiliza para medir el tiempo, indica el número de años antes de la fecha supuesta del nacimiento de Cristo.

Akhet Época de lluvia e inundaciones. La temporada de inundación del Valle del Nilo se presentaba de julio a octubre.

Alto Egipto Sur de Egipto. La región al sur del Cairo moderno.

Amón El dios nacional más importante del Imperio Nuevo egipcio. El templo principal de Amón se localizó en Karnak (antigua Tebas, Luxor moderna).

Amón-Ra Fusión de los dioses Amón y Ra.

amuleto Dije o pieza de joyería que se utilizaba como protección contra el mal.

Anj Símbolo de la vida, utilizado por dioses, reyes y reinas.

antecámara Habitación externa que conducía a una habitación o cámara principal; por lo regular se encontraba en las pirámides y tumbas talladas en piedra.

Anubis Dios con cabeza de chacal. Patrón de las necrópolis y la momificación que presidía la ceremonia de "pesaje del corazón".

arqueólogo Persona que realiza excavaciones y estudia los restos materiales del pasado del ser humano.

Aton Dios venerado por Akenaton, rey de la XVIII dinastía. Aton se parecía al disco del sol. La ciudad de Amarna (Akhetaton) se construyó en honor a Aton.

Atum *Dios de la creación.*

Bajo Egipto La parte norte de Egipto; región del delta al norte del Cairo moderno.

cámara funeraria Habitación principal de una pirámide o tumba de piedra tallada donde se colocaba el cadáver.

canopes Vasijas para guardar el estómago, pulmones, intestinos e hígado de un cuerpo momificado.

cartucho Figura oval que rodeaba el nombre jeroglífico de un rey o reina de Egipto.

cenefa Franja de pintura o grabado que decora el muro de un templo o tumba y que narra una historia.

ceremonia de la "apertura de la boca" Ceremonia celebrada por un sacerdote durante un funeral, la cual ayudará al espíritu de la persona muerta a regresar a la vida.

cigoñal Artefacto para regar, se fabrica con una cubeta y un contrapeso. Se utilizó para sacar agua del Nilo o de un canal y regar los huertos.

civilización Sociedad organizada que ha desarrollado costumbres sociales, gobierno, tecnología y arte.

d.C. Abreviatura de "después de Cristo". Se utiliza para medir el tiempo, indica el número de años a partir de la fecha supuesta del nacimiento de Cristo.

delta Área fértil al norte del Cairo moderno en la que el Nilo se divide antes de llegar al mar Mediterráneo. Por lo regular el delta recibe el nombre del Bajo Egipto o Egipto Septentrional.

desgranador Flagelo que utilizaban los dioses o reyes.

dinastía Linaje de reyes gobernantes que por lo regular, mas no siempre, pertenecían a la misma familia. 31 dinastías, además de los reyes de Macedonia y los ptolomeicos, gobernaron el antiguo Egipto.

dorar Cubrir con hoja de oro.

egiptólogo Arqueólogo especializado que investiga la forma de vida en el antiguo Egipto, mediante el estudio de su escritura y sus restos materiales.

embalsamador Persona que trata el cuerpo de un muerto con especias y aceites para evitar que se descomponga.

Época Dinástica De 3000 a.C. a 30 a.C., cuando Egipto fue gobernado por dinastías de reyes.

escriba Persona, por lo general un hombre, que podía leer y escribir.

escritura demótica Forma de escritura que se desarrolló a partir de la escritura hierática, alrededor de 700 a.C.; se utilizaba para la administración y los negocios.

escritura hierática Forma de escribir más rápida que los jeroglíficos. Siempre se escribía de derecha a izquierda, mientras que los jeroglíficos se escribían en cualquier dirección.

esfinge Bestia mitológica con cabeza humana, de carnero o de pájaro, y cuerpo de león.

faraón El rey del antiguo Egipto. El nombre proviene de la palabra egipcia antigua per-ao, que significa "la gran casa" y se refiere al palacio donde vivía el faraón.

fayenza Material parecido al vidrio que se utilizó para fabricar tazas, jarras y amuletos. Se obtenía al calentar cuarzo en polvo dentro de un molde.

gancho Bastón con punta curva que utilizaban los faraones o dioses para simbolizar la monarquía.

Gran Presa de Asuán Dique que se construyó en la década de 1960 para permitir que los egipcios controlaran las aguas del Nilo. Los templos de Abu Simbel se trasladaron a una superficie más alta porque esa zona quedaría inundada.

Hathor Diosa de la maternidad, la música y la ebriedad; en algunas ocasiones adquiere la forma de una bella mujer, y otras, la de vaca.

hititas Enemigos de Egipto durante el reinado de Ramsés II. El Imperio Hitita se estableció en lo que hoy es Turquía.

hoja de oro Lámina muy delgada de oro martillado.

Horus Hijo de Isis y Osiris. Al rey que gobernaba Egipto se le relacionaba con Horus, mientras que su padre muerto se asociaba con el dios Osiris.

huerto del mercado Huerto en el que se cultivaban frutas y vegetales para vender.

Imhotep Arquitecto de la Dinastía III que diseñó la Pirámide Escalonada para el rey Zóser.

incienso Sustancia aromática que se extrae de la resina y se quemaba en los rituales de las ceremonias.

irrigar Regar la tierra.

Isis Diosa, esposa de Osiris y madre de Horus. Poderosa sanadora y hechicera.

jeroglíficos Símbolos e imágenes de la escritura del antiguo Egipto.

Khonsu Dios, hijo de Amón y Mut.

ladrillo de adobe Ladrillo fabricado con barro. Las casas y los palacios de Egipto se construyeron con ladrillos del espeso barro del Nilo, secados al sol.

Libro de los Muertos Rollo de papiro cubierto de textos y pinturas mágicas. Un ejemplar del Libro de los Muertos se colocaba en la tumba de la persona fallecida para ayudarla a atravesar los peligros del inframundo.

lino Planta cuyo tallo se puede hilar y tejer para elaborar telas.

mastaba Tumba rectangular construida con piedras o ladrillos de barro. Los primeros reyes egipcios fueron enterrados en mastabas.

momificación Proceso para secar y cubrir con vendas el cuerpo de una persona o animal muerto, con el fin de preservarlo.

Mut Diosa, esposa de Amón.

natrón Sal natural del desierto que absorbe la humedad. Los antiguos egipcios lo utilizaron para secar los cadáveres durante la momificación.

Nubia Nación que se ubicaba más allá de la frontera de Egipto en Asuán. Enemigo eterno de Egipto y fuente importante de oro. Con frecuencia se incluía a Nubia en el Imperio Egipcio.

oasis Región fértil del desierto con su propio suministro de agua.

obelisco Piedra alta, delgada y puntiaguda.

Osiris Dios de los muertos, también llamado dios-rey de la vida después de la muerte. Primera momia de Egipto. Esposo de Isis y padre de Horus.

papiro Planta que los antiguos egipcios utilizaban para fabricar papel y construir botes.

pectoral Placa con incrustaciones de joyas que se utilizó como pendiente.

Peret Tiempo en que los cultivos "brotaban". Estación de cuatro meses, de noviembre a febrero, en que los granjeros levantaban sus cultivos.

periodos intermedios Épocas en las que Egipto no era una nación unificada o gobernada por un solo rey.

Piedra de Roseta Losa de granito con inscripciones que proporcionaron la clave más importante para descifrar los jeroglíficos. Hallada en 1799, mide 114 cm de altura, 72 cm de ancho y 28 cm de grosor; pesa 762 kg. La Piedra de Roseta se encuentra en el Museo Británico, en Londres.

pigmento Polvo de color que se mezcla con un líquido para obtener tinta o pintura.

pilón Puerta de fortaleza, palacio o templo, que se encuentra entre dos torres grandes.

Ptah Dios. El templo principal de Ptah se encontraba en Menfis, en el norte de Egipto.

Ra Dios del sol, el dios nacional más importante del Imperio Antiguo de Egipto.
El templo principal de Ra se encontraba en Heliópolis (El Cairo moderno).

Ra-Horakhty Dios del sol. Fusión entre Ra y Horus.

relieve Grabado en la superficie de una roca.

ritual Procedimiento de una ceremonia religiosa, como la "apertura de la boca".

santuario de un templo Parte más íntima y privada de un templo. Se creía que los dioses vivían en este lugar.

sarcófago Caja grande de piedra o madera que guardaba al ataúd de la momia. En ocasiones la superficie se pintaba o se tallaba en relieve.

Sekhmet Diosa que en ocasiones se representaba como una mujer hermosa, pero también en forma de gato.

senet Juego egipcio que requería de un tablero con cuadros y fichas; tenía casillas de buena suerte y casillas de mala suerte, y se parece un poco al juego moderno del backgamón.

Seth Dios malévolo con cabeza de animal. Hermano de Isis y Osiris.

shabti Figura de maqueta que representaba al sirviente de la persona muerta y realizaba todo el trabajo necesario durante la vida después de la muerte.

Shemu Verano egipcio, estación de tres meses, de abril a junio.

Tebas Ciudad del sur, capital de Egipto durante el Imperio Nuevo. En la actualidad se le conoce como Luxor.

Thoth El escriba de los dioses. En ocasiones, Thoth se muestra como un ibis (pájaro), aunque también aparecía como un mandril.

Tierra Negra La tierra fértil del Valle de Nilo y del delta. Los egipcios la llamaban "kemet".

Tierra Roja El desierto que se encontraba más allá de la Tierra Negra, el valle del río y el delta. Los antiguos egipcios la llamaban "deshret". En esta tierra se construyeron tumbas y pirámides.

Uraeus Cobra real que se colocaba en la frente, sobre coronas y tocados reales.

vida después de la muerte La vida que los antiguos egipcios esperaban vivir después de haber muerto.

visir Consejero principal del rey, segundo personaje en importancia, sólo después del rey. Durante el Imperio Nuevo existieron dos visires, uno para el Alto Egipto y el otro para el Bajo Egipto.

Índice

Créditos

El editor agradece a Alexandra Cooper y a Steven Snape su
contribución, y a Puddingburn por el índice.

PORTADA E ILUSTRACIONES
Malcolm Godwin/Moonrunner Design

MAPAS
Map Illustrations

FOTÓGRAFOS
Clave a=arriba; i=izquierda; d=derecha; ai=arriba a la izquierda; aci=arriba
al centro a la izquierda: ac=arriba al centro; acd=arriba al centro a la derecha;
ad=arriba a la derecha; ci=centro a la izquierda; c=centro; cd=centro a la
derecha. b=abajo; bi=abajo a la izquierda; bci=abajo al centro a la izquierda;
bc=abajo al centro; bcd=abajo al centro a la derecha; bd=abajo a la derecha.
APL=Australian Picture Library; APL/CBT=Australian Picture Library/Corbis;
BM=British Museum; GI=Getty Images; WF=Werner Forman Archive

8bi Australian Associated Press; **10**bci, bcd, bi, ac WF; bi, ac, ai Steven
Snape; bd, c, cd, ad APL; ci BM; ad APL/CBT;**11**bci, i, ad APL; bcd BM; bd
Corel Corp; bd, ci, cd, aci, ai, ad Steven Snape; bd WF; cd Photodisc; aci
APL/CBT; acd GI; ai PhotoEssentials; **13**cd Jurgen Liepe; **14**ad GI; **15**ac
University of Dundee; ai GI; **16**bd GI; ci, cd APL; **18**bd WF; ci APL/CBT;
23b, bi BM; bc, bcd APL; bd APL/CBT; **24**ci BM; **27**ad GI; **30**bd APL; **32**ad
APL/CBT; **35**bcd BM; bd, ad APL; **36**bcd APL; bi, ad APL/CBT; bd, ci GI;
37bcd, ad APL; c GI; **38**ci APL; **45**aci APL; ad GI; **46**bd GI; **48**bi, bd WF; **51**bi
APL/CBT; **53**ai APL/CBT